KB053102

홈스쿨링, 홈과 스쿨을 넘어

홈스쿨링, 홈과 스쿨을 넘어

초판 1쇄 인쇄 2022년 5월 3일 **초판 1쇄 발행** 2022년 5월 10일
글쓴이 서덕희 외 **펴낸이** 현병호 **편집** 장희숙 **펴낸곳** 도서출판 민들레
출판등록 1998년 8월 28일 제10-1632호 **주소** 서울시 성북구 동소문로 47-15
전화 02) 322-1603 **이메일** mindlebook@gmail.com **홈페이지** www.mindle.org
ISBN 979-11-91621-09-9 (03370)

민들레 선집 **12**

학교를 넘어 교육과 배움의 새로운 지평을 여는 ────

편집실 엮음

홈스쿨링,
홈과 스쿨을 넘어

세상을 학교 삼아 새로운 길을 열어가는 이들의 이야기를 통해
교육과 배움의 또 다른 가능성을 함께 모색해본다.

민들레

교육의 지평을 넓히는 새로운 상상

코로나 팬데믹으로 교문을 열고 닫기를 반복하는 가운데, 벌써 두 해 넘게 온라인 수업을 경험한 아이들이 묻기 시작합니다. "집에서도 할 수 있는데 왜 맨날 학교에 가야 해요?" "지금 공부하기 싫은데요. 이따가 집에 가서 온라인으로 해도 돼요?" 코로나19가 빚어낸 새로운 배움의 모습에 '학교란 무엇인가' 하는 근원적인 질문이 던져졌습니다.

1999년 1월, 교육지 『민들레』 창간호에서는 '학교 안 다니면 안 되는가'라는 도발적인 글과 함께 홈스쿨링운동을 소개합니다. 대안교육운동과 흐름을 함께하는 홈스쿨링운동은 당시 귀농·귀촌운동과 맞물리면서 아이의 홈스쿨링을 위해 가족이 함께 시골로 이주하는 경우도 꽤 있었습니다. 아이들은 부모의 일을 돕는 틈틈이 필요한 공부를 스스로 찾아서 하는 식으로 자연스레 배움을 이어갔지요.

당시의 홈스쿨링이 획일적인 배움을 강요하는 국가 중심의 교육에 균열을 내는 일종의 '운동'이었다면, 20여 년이 지난 오늘의 상황은 좀 달라진 듯합니다. 온 가족이 시골로 가기보다는 도시 속에서 홈스쿨링을 해야 하는 경우가 많아졌고, 교사와의 갈등, 또래 관계, 학업 스트레스 등으로 학교를 '안' 가기보다 '못' 가는 경우도 많아졌습니다. 의도치 않게 학교를 그만둔 경우, 졸지에 교육과 양육을 모두 떠맡게 된 부모는 불안해하며 홈스쿨링은 어떻게 하는 건지 '방법'을 찾아 헤맵니다.

그러나 자의든 타의든 학교를 박차고 나오는 이들이 '홈'이나 '스쿨'에 머물고 싶은 건 아닐 테지요. 홈스쿨링, 언스쿨링, 로드스쿨링, 홈'뒹굴'링… 뭐라 한 단어로 표현하기 어려운 이 교육의 형태는 단순히 교육의 방식이 아니라 삶의 방향에 관한 이야기가 아닐까 싶습니다.

시대의 변화와 함께 교육의 흐름은 점점 경계를 허무는 방향으로 진행되고 있습니다. 낡은 교육을 허물고 새로운 연결망이 필요한 때입니다. 모든 사람이 학교에서든 또 다른 곳에서든 자유로운 방식으로 배우고 싶은 것을 선택할 수 있는 사회를 예견한 존 홀트John Holt는 '스쿨링 해체'라는 용어를 사용합니다. 홈스쿨링의 방점이 '스쿨'에 있지 않다는 거지요. 한 홈스쿨러는 이를 '소셜스쿨링'이라고 부르기도 하는데, '좁게는 마을과 지역, 더 나아가 해외나 인터넷까지 다양한 사람들과 통로를 통해 배운다'는 뜻의 이 용어는 경계를 허물기 시작한 교육의 더욱 과감한 변화를 요구합니다.

오늘의 위기가 아이들에겐 더 넓은 세상에서 배움을 얻을 수 있는 새로운 기회가 되길 바라며 격월간 『민들레』에 흩어진 홈스쿨링 이야기들을 한데 엮어냅니다. 오랜 시간이 지났지만 여전히 귀 기울일 이야기가 많습니다. 클릭 한 번으로 어디서든 접근할 수 있는 교육 콘텐츠가 널린 세상에서 교육이란 무엇이고 배움이란 무엇일지 다른 관점에서 생각해보는 기회가 되었으면 합니다. 학교 안팎을 구분하지 않고 다양한 교육의 지평을 넓히는 데 이 책이 작은 도움이 되기를 바랍니다.

2022년 4월

장희숙 (『민들레』 편집장)

차 례

엮은이의 말   **5**   교육의 지평을 넓히는 새로운 상상

1

홈스쿨링을   **13**   홈스쿨링 말고 홈뒹굴이 하면 안 돼? | 조혜욱
해보니   **22**   마을 홈스쿨링, '같이 놀자' | 정영희
   33   홈스쿨링, '홈'을 넘다 | 김형태·박미영
   46   기차학교 홈스쿨링 | 김태진
   58   도시의 마을을 배움터 삼아 | 김지현
   70   학교를 '버린' 청소년의 10년 독립 프로젝트 | 유진
   80   황매산 자락, 청년 농부 이야기 | 김예슬
   90   홈스쿨링에 관한 10문 10답 | 이신영

2

홈스쿨링의   **115**   홈스쿨링의 현황과 전망 | 현병호

빛과 그림자   **131**   홈스쿨링과 오만함 | 서경희

139   홈스쿨링을 파는 사람들 | 박성희

149   홈스쿨러를 위한 플랫폼, '홈스쿨링생활백서' | 송혜교

161   학교 밖 아동들의 '법적' 교육권을 보장하라 | 박종훈

172   홈스쿨링 제도화의 방향 | 이종태

184   홈스쿨링의 가능성과 한계에 관한

교육인류학적 분석 | 서덕희

1부
홈스쿨링을 해보니

홈스쿨링 말고
홈뒹굴이 하면 안 돼?

요즘 아이들은 방학이 없다고 한다. 내가 아는 중학생 중에도 특별 보충수업 때문에 아침에 학원 가서 밤 열 시에 오는 아이들이 있다. 그런데 재미있는 건 그 아이들조차 방학을 애타게 기다린다는 것이다. 방학 내내 학원에 붙잡혀 있으면서도 개학날이 다가오는 걸 끔찍해한다. 학교에선 공부가 잘 안 된다나. 친구도 학원 친구가 더 좋단다.

그런데 일 년 넘게 홈스쿨링을 하고 있는 우리 작은아들도 비슷한 반응을 보인다. '홈' 시간엔 그렇게 자발적인 아이가 '스쿨'

조혜욱 _ 인권교육 활동가로 일하고 있다. 필명으로 쓴 동화 『소년왕』이 제7회 문학동네어린이문학상을 수상하면서 작가로 활동하기도 했다.

시간이 되면 수동 모드로 바뀌는 거다. 물론 이유는 있다. 심각하게 게으른 엄마는 내킬 때만 공부 도우미를 하고 아들은 스스로 공부하는 법이 없으니 우리 둘 다에게 '마지못해 스쿨'이었다. 참고로 아이는 현재 초등 5학년이다(5학년 개학식은 집에서 가족들과 했다. 그런 건 또 잘 챙긴다).

우리 아이는 제도권 교육의 경험이 없다. 3학년 때까지는 대안학교에 다녔고 더 어릴 때는 공동육아를 했다. 누가 먼저 손을 내밀어주지 않으면 무리에 낄 엄두를 못 내던 아이가 공동육아를 거치며 많이 씩씩해졌다. 아이가 다녔던 공동육아의 약속어인 '너 마음만 있어? 내 마음도 있어'가 아이의 방패였다. 그런데 대안학교의 기 센 분위기는 아이에게 좀 무리였던 모양이다. 특히 고학년 형과 누나들을 힘들어했다. 전 학년이 함께 하는 일이 많은 대안학교 특성상 접촉은 불가피했고, 고학년이라 해도 아직은 어린 아이들은 성격 좋고 친화력 있는 동생들을 선호했다.

한동안 주눅 든 왕따 시절을 보낸 아이는 차츰 과감해졌다. 사소한 일에도 울고 던지고 욕하고 싸우는 것으로 자기 존재를 증명했다. 아이를 상대하는 교사도 힘들고 지적받는 아이도 힘들고 전해 듣는 부모도 힘들고, 모두 엉망진창으로 대립했다. 가장 안타까운 건 아이의 끊임없는 틱이었다. 눈을 깜박이다가 '흠흠'거리다가 어깨를 움찔거리다가 입술을 빨다가, 하나가 끝나면 바로 다른 동작이 이어졌다. 아이의 틱을 따라 하며 놀리는 누나들도 있었다. 싸우는 게 일인 아이는 어쩐 일인지 틱과 관련해서는 아무런 표현도 하지 않았다. 픽업하러 갔을 때 깔깔대며 틱 흉내를 내는 아이들 앞에서 고개를 숙이고 있는 아이를 보는 순간 가슴이 쿵 내려앉았다.

잠시 쉬기로 했다. 부모도 쉬고 아이도 부대낌에서 벗어나는 게 필요했다. 아무리 부딪치며 크는 거라지만 부딪치는 데도 기술이 필요하고 어른들의 도움이 필요하다. 그런데 그 어른들이 다 지쳐 있었다. 교사도 부모도 대안교육의 지향은 있되 각론에서는 서툴렀다. 그렇게 우리 집 홈스쿨링은 철학적 선택이 아닌 현실도피로 시작되었다. 쉰다! 그 밖의 계획은 하나도 없는 셈이었다.

그래도 막상 아이와 집에 있으려니 여러 생각이 밀려왔다. 그래도 명색이 홈스쿨링인데 뭔가 특별한 프로그램이 있어야 하지 않을까. '자연을 벗삼아 배우기' '놀면서 배우기' 아니면 '나만의 학습법'이라든지, 홈스쿨링의 진수를 찾아야 하지 않나 싶었다. 하지만 그런 거창한 생활은 내 의지나 능력을 벗어나 있었다. 급한 대로 전시회도 가고 동네 산책도 하고 요리도 해보게 하고, 나름대로 노력을 해도 늘 부족한 느낌이 들었다. 점점 아이랑 하는 일들이 의무로 다가왔고, 함께하는 시간이 행복하지 않았다. 좋다는 데 쫓아다녀도 보고 학원도 보내보고, 엄마는 그렇게 동동거리는데 아이는 세월아 네월아 뒹굴거리기만 하는 거였다. 그 무사태평이 한심하고 걱정스러웠다. 저러다 쟤 백수 되는 거 아니야? 그때부터 애를 잡기 시작했다. 넌 무슨 애가 그러냐, 홈스쿨링이 집에서 마냥 뒹굴거리는 거냐, 어떻게 지낼지 스스로 계획 좀 세워라… 닦달을 할 때만 슬쩍 뭔가 하는 척하던 애가 하루는 태연하게 말했다.

"엄마, 그럼 홈스쿨링 말고 홈뒹굴이 하면 되잖아."

그때 퍼뜩 깨달았다. 아, 나는 쉬는 것도 제대로 못 하는구나!

그 후로 나는 무언가 해야 한다는 강박에서 조금 벗어나게 되었는데, 잔소리에서 놓여난 아이는 아주 마음 놓고 뒹굴거리며 책을 읽다가 그림을 그리다가 했다. 그렇게 몇 달을 지내면서도 도무지 '내 인생이 어떻게 될 건가' 하는 걱정이 없었다. 순간순간 '관리'하고 싶은 마음이 드는 걸 꾹 참았다. 그렇게 반년쯤 지나자 슬슬 심심해지기 시작했는지 친구들이랑 놀고 싶다고 했다. 오, 그래? 그런 계획이 생겼단 말이지!

그때 마침 연결된 곳이 생협 방과후 교실이었다. 1학년부터 5학년까지 열다섯 명의 아이들이 함께하는 방과후 교실은 지향하는 목표와 프로그램이 아주 단순했다. 학교에서 지친 아이들을 다독여주는 것. 최소한의 프로그램과 최대한의 자유놀이. 꼭 지켜야 하는 일들은 규칙보다 권유로 접근하는데, 위험한 상황이 벌어지면 교사들은 '아이'나 '행동'을 지적하지 않고 단지 '위험'에 대해서만 주의를 주었다. 아이러니하게도 대안학교에서는 경험하지 못한 방식이었는데, 이런 점들이 참 신선할뿐더러 우리 아이에게도 아주 딱이었다.

방과후 교실에 다니면서 아이 생활에 탄력이 붙기 시작했다. 아이는 아침 늦게 일어나 아침 겸 점심을 먹는다. 아이 소원이 하루에 두 끼만 먹는 거였는데(어릴 때부터 아이는 밥 시간이 아니라 배고픈 시간에 밥을 먹겠다고 했다), 늦게 일어나는 엄마 덕에 그 소원을 이루고 있다. 그리고는 슬슬 '스쿨'에 들어가 두 시간쯤 공부하는 척한다. 엄마가 안 챙기면 당연하게 빼먹는다. 고학년 아이들 학교 끝나는 시간이 되면 참을 먹고 방과후에 간다. 버스로 세 정거장 거리인데 혼자 자전거를 타고 다닌다. 매일 그렇게 다니다 보니 이제 자전거로 별별 묘기를 다 부린다. 갔다 오면 저녁. 저녁밥을 먹고 나서는 다 못한 공부를 하거나, '스쿨' 때문에 못한 것을 한다. 요즘은 쥘 베른 책에 푹 빠져 있다.

일이 바쁜 남편은 홈스쿨링에 적극 참여하지는 못하고, 대신 일찍 들어오는 날이나 주말엔 아이와 산책을 나간다. 공부해야 한다는 큰애도 끌고 나간다. 주로 자전거를 타고 동네를 한 바퀴 도는데, 시간이 남으면 영화를 보거나 탁구를 치기도 하고 아니면 팥빙수라도 먹고 온다. 아이는 그 시간을 가장 좋아한다.

이렇게 놀기만 하는데도 아이는 많이 성장했다. 울고 던지고 욕하는 일이 거짓말처럼 사라졌다. 가끔 싸울 때도 몇 마디 다투고 마는 정도다. 물론 아직도 표현이 세련되지 못하고 늦되지만,

방과후의 일반학교 애들과도 나름 잘 노는 걸 보면 제법 뱃심이 강해진 모양이다.

모순된 얘기 같지만, 나는 아이의 변화를 보면서 비로소 홈스쿨링에 대한 환상을 버릴 수 있었다. 아이를 최고의 학교에 보내려는 게 욕심이듯 최상의 홈스쿨링을 하겠다는 것도 욕심이었다. 어쩌면 난 대안이란 탈을 쓰고 변종 '일류병'을 앓고 있었던 게 아닐까. 아이들을 제도권에서 빼냈던 이유부터 거꾸로 생각해보게 되었다. '최고의 환경'을 제공하기 위해서가 아니라 주체적으로 살기 위해서라는 초심을 상기했다.

그래서 학습 교재도 구하기 쉽고 아이가 혼자서 할 수 있는 걸로 바꿨다. 동네 서점에 있는 참고서를 이용하고, 국어는 동화책 한 쪽씩만 쓰기로 했다. 좋은 교재가 아닐 수도 있고 심지어 문제가 있을 수도 있다. 무엇보다 과목별로 쪼개져 있는 것이 마음에 들지 않았다. 그런데 엄마가 쥐어짜낸 프로그램보다 아이가 편안해했다. 웬일로 혼자 알아서 하는 날도 생기고, 못하던 걸 하게 되니까 자신감도 붙는 듯했다. 싫어서 못하는 게 있듯, 못해서 싫은 것도 있었던 것이다.

고백하자면 지금도 창의적인 홈스쿨링 사례를 접하면 기가 죽는다. 제도권 엄마들이 우등생을 볼 때 갖는 심정이 이러지 않을까 싶다. 제대로 하고 있는 건가, 앞으론 어떻게 해야 하나, 새삼 갈등하고 고민하게 된다. 하지만 여기까지가 내가 할 수 있는 범위다. 더 창의적이고 의미 있는 일상을 보내면 좋겠지만, 내겐 작은아이 외에도 돌봐야 할 자식이 하나 더 있고 내 삶도 있다. 그러니 노력을 안 하겠다는 게 아니라 지금도 잘하고 있다고 격려하고 싶은 거다. 부담이 덜어지니까 이젠 아이와 장을 보거나 요리하는 것이 재미있다. 최근에는 아이와 촛불집회 나들이를 신나게 다니고 있다.

나는 요즘 홈스쿨링을 한다고 엄마의 시간을 송두리째 바칠 필요가 없다는 걸 깨닫는 중이다. 하루 두세 시간만 아이한테 집중하면 나머지는 아이가 알아서 한다. 사실 나랑 아이는 워낙 게을러서 그 이상 뭘 하기도 힘들다. 전형적인 올빼미형인 나는 늦게 자고 늦게 일어나는 습관을 좀처럼 고치지 못하고 있다. 올해 중학교에 들어간 큰애는 다행히 부지런해서 알아서 일어나 혼자 아침밥을 챙겨 먹고 학교에 간다. 작은애는 나보다 조금 일찍 일어나 조용히 책을 보거나 그림을 그린다. 학교 다닐 때는 일어나자마자 뭘 먹는 것을 힘들어했고, 나는 조금이라도 먹여 보내려고 씨름을 했었다. 억지로 뭘 안 먹어도 되는 상황이 아이는 참 편안한 거 같다. 어쩌면 주도성을 찾고 싶은 아이의 안간힘을 어른들이 공격성으로 해석하고 있었는지도 모르겠다.

이제 여름방학이 다가온다(홈스쿨러들에게도 방학이 있나 하시는 분들이 있을 것 같은데 방학, 있다). 어쨌거나 모두가 노는 때 아닌가. 혼자 한갓지던 때와 다르게 낮에도 거리에 아이들이 있다. 여기저기서 캠프 등 다양한 프로그램이 쏟아져 나온다. 홈스쿨러, 특히 초등 홈스쿨러를 위한 프로그램을 찾기 힘든 탓에 비록 고비용에 일회적인 한계가 있어도 이런 기회들이 반갑다. 일반학교냐 대안학교냐 홈스쿨링이냐 상관없이 '또래들'과 어울리는 자리여서 더 좋다. 말하자면 방학은 홈스쿨러들에게 개학인 셈이다. 엄마는 드디어 쉴 수 있다.

긴 방학을 마친 우리 아이는 '개학'을 톡톡히 맛보고 있다. 방과후가 종일반으로 들어가기 때문이다(아침에 가서 점심도 먹고 간식도 먹고 오후 4시에나 온다!). 학기 중에 하기 힘든 프로젝트를 해보려 하는데, 폐품을 이용한 집 만들기와 아프리카 어린이들에게 털모자 짜서 보내기 등을 논의하고 있다. 1학년부터 5학년까지 전 학년이 참여하는 공동작업이 될 것 같다. 아이들이 학교에서 해보지 못한 것이고 우리 아이 역시 집에서는 쉽지 않은 것이므로 모두에게 좋은 시간이 되리라 기대한다.

반대로 큰애는 그렇게 부러워하던 늦잠을 '맨날' '실컷' 자겠다고 벼르고 있다. 그동안 동생이 누렸던 호사(?)를 이번엔 형이 누릴 차례다. 혼자 심심해하다가 동생이 오는 시간을 기다려보면 날마다 형을 기다리던 동생 마음도 이해할 테고, 개학한 동생은 또 시간표대로 하루를 보내야 하는 형의 고충을 좀 알게 될 것도 같다. 해도 긴데 저녁에는 둘이 마음껏 놀면 되겠다. 이래저래 방학은 푸근하다. 엄마 잔소리로 푸근한 방학에 초치지 말아야겠다.

언제까지 이렇게 지낼지는 나도 모른다. 다만, 충분히 재충전
되면 새로운 생활을 찾게 될 거라 믿는다. 쉬었다 나아가기를 알
아서 조절하며 자기 삶을 살 것이다. 물론 지켜보는 부모는 시시
때때로 갈등하고 불안하겠지만, 어느 시인의 말처럼 흔들리지
않고 피는 꽃이 어디 있겠나.

(vol. 57, 2008. 5-6)

마을 홈스쿨링, '같이 놀자'

"나 오늘 하나도 못 놀았어."

2012년 여름, 어느 날 학교에서 돌아온 아이가 말했다. "엄마, 학교는 너무 오래 앉아 있어." 1학년인 아이의 학교 수업은 블럭 제로 2교시씩 묶여 있다. 아이의 말이 몇 달째 내 마음을 맴돈다. 우리 아이는 밖에 나가 뛰어노는 걸 좋아한다. 축구와 달리기를 하고, 나무에 오르고, 친구들과 '지옥탈출'을 하고, 자전거를 타고, 산에 가는 것을 좋아한다. 그런 것들을 친구들과 함께 하면

_____

정영희 _ 도시에서 살다가 충남 홍성 시골로 이사했다. 농사를 지으며 아이를 키우는 것이 자신에게도 큰 성장이 되었다고 한다.

더 좋아한다. 놀다가 엄마가 불러 먼저 왔는데 친구들이 남아서 여전히 놀고 있으면, 먹을 것을 빼앗긴 것처럼 아주 속상해한다.

추운 날엔 방 안에 들어앉아 오랫동안 코바늘뜨기도 하고, 버려지는 상자나 종이, 요구르트병으로 무얼 만드는 걸 좋아한다. 톱으로 나무 막대기를 알맞게 자르는 것도 좋아하고, 삽으로 땅 파는 걸 좋아한다. 그만 놀고 잠자야 하는 걸 제일 싫어하는데, 그러다 보니 잠자는 시간을 늦춰주는, 잠자기 전 엄마가 책 읽어주는 걸 많이 좋아한다. 그리고 오랫동안 실컷 잠자는 것을 좋아한다.

그런데 아이의 실제 일과는 이랬다. 아직 잠에서 덜 깬 아이는 똥도 누지 않았는데 아침밥을 먹고 옷을 입고 서둘러 스쿨버스를 탄다. 학교에 간 아이는 5교시까지 가만히 교실에 앉아서 공부를 하고 청소와 밀린 숙제를 한다. 수업이 끝난 후 친구와 놀고 싶은데 친한 친구들은 대부분 방과후수업을 받거나 엄마가 일찍 집으로 데려가서 없다. 아이는 남아 있는 몇몇 친구와 놀거나 이리저리 기웃거리다가 스쿨버스를 타고 다섯 시 반에 집으로 온다. 아이는 "나 오늘 하나도 못 놀았어" 그러면서 괜히 심통을 부린다.

아이들의 몸은 뛰고 구르기를 하고 싶은데, 학교에서는 오랜 시간 꼼짝 말고 의자에 앉아 있으라 한다. 중간에 오줌이 마렵다고 말하면 엄한 표정으로 얼른 갔다 오라거나 안 된다고 한다.

학교 담장 밖으로 산이 보이고 들길이 보이는데 하루 종일 학교 안에서만 얌전히 있으라니! 중간 놀이 시간에도 마음대로 놀고 싶은데 꼭 정해진 놀이를 하라고 한다. 이제 방바닥에 뒹굴며 좀 쉬고 싶은데 숙제를 하고 일기를 쓰라 한다. 책을 읽으라고 한다.

어쩌면 너무 예쁜 예만을 들었는지 모르겠다. 이런 예도 있다. 아이들이 돋보기로 햇빛을 모아 개미를 태워 죽이고 있었다. 그걸 본 어른이 개미가 너무 불쌍하지 않느냐고, 너도 그러면 좋겠냐고 묻자 아이가 말했다. "네. 좋아요. 저도 죽으면 좋겠어요. 그러면 학원에 안 가잖아요."

"선생님, 내가 무얼 생각하면 좋겠어요?"

어떤 선생님 말에 의하면, 스스로 생각해서 처리할 과제를 주면 학년이 올라갈수록 아이들이 그냥 가만히 앉아 있는다고 한다. 왜 그러고 있느냐 물으면, "어떻게 해야 되는데요?" 하고 묻는단다. 하나를 가르쳐주면 그것을 하고 또 가만히 있는단다. 학년이 올라갈수록 아이들은 스스로 생각하고 결정하고 행동하는 것을 두려워한다는 것이다. 대신 선생님이나 웃어른이 자세히 지시한 것은 잘 따른다고 한다.

요약하자면 이렇다. 아이들은 처음엔 혼자서 무얼 하는 걸 무척이나 좋아했다. 참 잘했다. 그런데 어른들이 시간표를 짜놓고 방식도 다 정해서 그대로 하라고 했다. 아이들이 맘대로 할 수 있게 해달라고 부탁도 하고, 호소도 하고, 반항도 해보았지만 어른들은 적어도 12년 동안 들어주지 않았다. "다 너희들을 위한 거야. 나중에 너희 맘대로 해." 어른들 말처럼 나중이 되었을 때 성인이 된 아이들은 여전히 말한다. "엄마, 이제 뭐 해야 될 시간 이야?" "선생님, 내가 무얼 생각하면 좋겠어요?" "사장님, 뭐든 지 시켜만 주십시오. 시키시는 건 뭐든 잘할 자신 있습니다."

사실 아이 교육에 대한 질문이 깊어진 건 나를 다시 보게 되 면서부터다. 나는 그래도 제 밥벌이는 할 수 있는, 한 푼 없이 어 딜 내놔도 잘 살아갈 수는 있는 사람이라고 스스로 생각하며 제 법 만족했다. 게다가 '농사만을 지어 자립할 수 있는 게 어딘가' 라며. 그런데 어느 날부터 이런 소리가 들린다. 생태계가 지금 같은 속도로 파괴된다면 2050년에는 지구상의 모든 생물이 멸 종된다고. 이런 소리도 들린다. 우리나라에서 신나게 가동 중인 스물세 개의 핵발전소 중 하나가 한 번만 대형사고를 일으키면 우리나라 전체가 살 수 없는 곳이 된다고. 그것도 확률적으로 볼 때 십 년 안에 일어날 수 있는 일이라고. 1986년 체르노빌 핵발 전소 사고로 현재까지 그 나라에는 서울의 열 배 되는 지역이 사 람이 들어갈 수 없는 곳이 되었고, 2011년 일본 후쿠시마 핵발 전소 사고로 일본 땅의 20퍼센트, 남한 넓이의 땅이 고농도 방사능에 오염되었으며, 지금도 그 재앙은 계속되고 있다.

이런 사실들과 가능성 앞에서 나는 여전히 먹고살 수만 있으면 된다고 말하는 것이 부끄럽다. 그리고 이런 사실들을 이제야 알게 되었다는 것과, 이제 알긴 알았어도 어떻게 해야 좋을지 모른다는 것이 당황스럽고 어리둥절할 뿐이다. 이런 가능성에 대해 학교를 다니던 그 긴 세월 동안 한 번도 제대로 들어본 적이 없다. 근원적인 것이 파괴되고 나면, 보다 완전을 향한 노력이라는 게 모두 헛되고 마는데도 말이다. 그러니까 학교에 대한 나의 고민은 시스템이나 제도에 대한 것만이 아니다. 학교교육이 담고 있는 내용을 오랫동안 듣고 있으면 '좋은 국민'이 될 수는 있어도, '참된 사람'이 되는 것과는 거리가 있다는 데 있다. 우리는 참되기 위해 교육을 하고, 받고 있지 않는가?

여전히 학교가 필요하다면, 이런 학교였으면 좋겠다. 의자에 앉아 있는 시간은 지금보다 아주 많이, 반 정도로 줄었으면 좋겠다(물론 원하는 사람은 더 할 수도 있다). 그리고 살아가는 데 필요한 최소한의 기술을 가르치면 좋겠다. 집을 짓고, 텃밭을 일구고, 음식을 만들고, 옷을 만들고, 예술을 만나게 했으면 좋겠다. 그리고 빠트리지 말았으면 하는 것은 수업 시간표에 아무것도 하지 않아도 되는 시간이 있었으면 좋겠다. 공부할 내용은 물론, 정해야 할 것이 있을 땐 아이들과 선생님과 부모가 같이 머리를 맞대었으면 좋겠다.

'내 새끼만 잘 키우려는 것은 아닌가'

2013년 봄, 우리 마을의 다섯 아이들은 학교에 가지 않기로 했다. 아이가 1학년을 다니는 동안 '꼭 학교에 가야 할까'라는 질문을 마음속에서 키우고 있을 때, 같은 질문을 하는 반 친구들과 부모들을 만났다. 우리는 그리 많은 얘기를 나누지 않았음에도 학교 밖에서 배워보자는 쪽으로 의견을 모았다. 그러나 결정이 쉽지만은 않았다. 1학년 1학기를 마친 상태였다. 시골학교라 스무 명 남짓한 인원이 옹기종기 모여 있는 반에서 다섯 명이 나오는 것은, 그리고 학년을 다 마치지 않은 중간에 나오는 것은 선생님과 같이 지내던 친구들에게 너무 미안한 일이었다. 그래서 한 학기를 더 머물며 공부하고 생각하고 준비하기로 했다. 그럴수록 생각이 더욱 분명해졌다.

사실 큰아이를 키우면서도 계속 하던 생각이었다. 나만 그런 생각을 했던 것도 아니다. 대안적인 삶을 살아보자고 시골에 내려와 아이들을 지역의 고등학교까지 보낸 선배 부모들도 그랬다. 그렇지만 고민의 결론은 이 좁은 시골에서 대안학교를 세우거나, 대안교육을 한답시고 몇 안 되는 아이들을 갈라놓는 것은 할 짓이 못 된다는 것이었다. 그렇게 하는 것은 결국 '내 새끼만 잘 키우려는 것이 아닌가' 하는 생각으로 연결되었다. 이런 생각은 큰아이를 키우는 5년 내내 나를 따라다녔다. 그때 내가 택한 방법은 아이를 계속 학교에 보내면서 학교운영위원을 맡고 학부모대표를 맡는 것이었다.

그렇지만 나는 그런 직책에 있으면서 학교는 학부모에게 '학교가 결정한 일을 돕는 것' 이외의 역할을 별로 원하지 않는다는 것을 알았다. 나는 점점 학교에 바라서는 안 될 것을 바라고 간섭하는 학부모가 되고 있었다. 공부를 꼭 학교에서만 해야 할까? 좀 더 다양한 방식을 택해도 좋지 않을까? 마을에 밝고 활기차게 놀면서 공부하는 아이들이 있다면, 이 아이들뿐만 아니라 학교와 학교에 남아 있는 친구들에게도 신선한 바람 한 줄기쯤은 될 수 있지 않을까? 이런 생각을 하며 오랜 고민의 막을 내렸다. '그래, 학교 밖에서도 놀고 배워보는 거야.'

놀고 놀고 또 놀고

우리는 모임 이름을 '같이 놀자'로 지었다. 느슨한 홈스쿨링 연대라고 할 수 있는 '같이 놀자'에는 대단한 목표가 없다. 그래도 같은 방향을 향해서 가려니 함께 추구하는 것들의 목록이 필요했다. 서로 원하는 것들을 말해보았다.

하나, 산과 들에서 놀면서 배우자.

둘, 논과 밭에서 일하며 배우자.

셋, 의식주에 관계된 것을 몸으로 배우자.

넷, 예술 활동을 즐기자.

다섯, 마을에서 배우자.

여섯, 돈 없이 가르치고 배우자.

일곱, 의사결정을 아이들과 함께 하자.

이것들은 어른들이 정한 목표다.

맘대로 실컷 놀자.

이것은 아이들이 정한 목표다.

아이들은 맘껏 놀고 싶어 했다. 하고 싶은 것만 하고, 하기 싫은 것은 하지 않으려 했다. 놀고 싶은 친구하고만 놀고, 놀기 싫은 친구하고는 놀지 않았다. 놀지 않을 뿐만 아니라 따돌림도 시켰다. 노는 장소도 자신들이 원하는 장소에서만 놀고자 했다. 억지로 뭘 하길 싫어했다.

부모들은 아이들에게 맘껏 놀게 함과 동시에 살아 있는 교육을 하고 싶어 했다. 산과 들과 논과 밭으로 데리고 다니고 싶었다. 그러나 힘들게 산을 오르는 것을 아주 싫어하는 아이들이 있었다. 그런 아이들은 밭에서 냉이 캐는 일이나, 손에 흙 묻히는 것도 싫어했다. 그러자 다른 아이들도 그 분위기를 따라갔다. 아이들이 원하는 살아 있는 교육은 어른들과 다른 것 같았다. 아니, 아이들은 교육이라는 이름으로 불리는 모든 것을 거부하는 듯했다. 좋은 프로그램을 짜준다고 좋아하지 않았다. 부모들이 생각하는 좋은 장소에 데리고 다닌다고 반가워하지도 않았다. 아이들이 생각하는 살아 있는 교육은 다른 것 같았다. 아이들은 그저 자기가 하고 싶은 것을 원하는 장소에서 하고 싶은 때 하길 바랐다.

부모들은 조금씩 어리둥절해지기 시작했다. "그래, 일단 너희들 맘대로 실컷 해봐라." 부모들은 가지고 있던 생각들을 일단 내려놓지 않을 수 없었다. 아이들은 하루 종일 놀고, 저녁까지 놀고, 심지어 함께 잠까지 자고 싶어 했다. 아이들은 정말이지 실컷, 맘껏 놀았다. 참 잘 놀았다. '같이 놀자'는 이름 아래 모인 아이들과 어른들은 마음속에 서로 조금씩 다른 뜻을 품고 있었다.

아이들의 오전 시간은 자유롭다. 어떤 아이는 7시에 어떤 아이는 9시에 그리고 또 다른 시간에 푹 자고 일어난다. 아침을 먹은 뒤 아이들은 각자의 집에서 부모를 따라 밭으로 가거나 공부를 하거나 책을 읽거나 부모의 직장에 따라가기도 했다. 점심을 먹은 후 한곳으로 모이면, 부모들은 월요일부터 금요일까지 하루씩 돌아가면서 아이들의 오후를 책임진다.

아이들의 요구와 부모들이 할 수 있는 것으로 시간표를 짠다.

산에서 놀고, 그림을 그리고, 수학이나 책읽기를 하고, 수영을 하고, 토론을 하고, 뜨개질도 하고, 인형도 만들고, 톱질도 하고, 노래도 부른다. 그러면서 논다. 그러다 가끔 먼 산에도 가고, 큰 서점에 나들이도 가고, 아주 가끔 피난민처럼 트럭에 짐을 잔뜩 싣고 야영도 떠난다.

그렇게 놀기 일 년이 다 되어가던 어느 날, 노는 게 너무 즐겁다던 아이가 이런 말을 한다. "엄마, 학교 다니는 아이들은 공부를 잘해서 좋겠다." 너도 공부를 잘했으면 좋겠냐고 물었더니, 아이는 그러면 좋겠다고 대답한다. 이런 말도 한다. 4학년이 되면 학교를 가고 싶다고. 이유는 축구를 하고 싶고, 밴드부에 가서 기타를 치고 싶기 때문이란다. 또 다른 아이도 언젠가는 학교 가서 여러 아이들과 어울리고 싶다는 말을 한다. 부모들이 "그럼, 지금 학교 갈까?" 하고 슬쩍 묻자, 아이들은 손을 내젓는다. 지금은 아니란다. 지금은 좀 더 놀고 싶단다. 그저 노는 것으로 만족하는 줄로만 알았는데, 아이들은 자신에게 무엇이 필요하고 그 필요한 것을 언제 하면 좋을지를 알고 있었다.

우리, 마을에서 같이 놀자

지난해를 한마디로 말하자면 부모들은 좌충우돌, 아이들은 신나는 한 해였다. 아이들은 신나게 논 것만으로도 이런저런 부족한 것들이 묻힌 모양인지 아직 아무도 학교로 돌아가겠다는 말이 없다. 학교는 아이가 원할 때 간단한 테스트를 한 후 자기 학년으로 들어갈 수 있을 것이다.

그럼, 올해 학교 밖에서는 어떻게 지낼까? 우선은 좀 더 많은 친구들하고 놀아야겠다. 우리의 뜻이 전달돼 마을의 여성농업인센터에서 방과후학교를 개설하게 되었다. 미술과 음악과 영어, 요리, 나들이 등이 주요 활동이 될 것이다. 이곳에는 홈스쿨링을 하는 아이들뿐만 아니라 학교를 다니는 아이들도 함께 참여하게 된다.

이런 활동들이 재미있게 펼쳐지다 보면 이것이 마을이 중심이 된, 마을이 아이들을 돌보는 터전이 만들어지는 시작점이 될수도 있겠다. 학교가 모든 것을 책임질 수는 없으며, 그래서도 안 될 것이다. 그러느라 선생님들의 임무는 또 얼마나 막중한가. 학교에서 공부를 일찍 마친 아이들이 집처럼 따뜻하고 편안한 마을 쉼터에서 재미있게 어울릴 수 있으면 좋겠다.

그리고 또 하나, 마을에서 어울려 자라는 아이를 지켜보고 있는 나 자신에게도 바란다. 아이들이 아프게 던지는 말을 진지하게 들을 수 있는 부모가 되기를, 그 아픔에 너무 과하거나 때늦게 대응하는 부모가 되지 않기를.

(vol. 91, 2014. 1-2)

홈스쿨링, '홈'을 넘다

공교육에서 벗어나 스스로 교육의 주도권을 갖고자 하는 홈스쿨링은 그 동기와 형태가 매우 다양하다. 상황은 다르지만 현실적으로 홈스쿨링 가정의 가장 큰 고민은 '어떻게?'일 것이다. 양육과 교육을 동시에 책임지는 일은 물리적으로나 심리적으로 결코 쉬운 일이 아니다. 홈스쿨링이 대안교육의 흐름과 궤를 같이하던 2000년대 초반부터 홈스쿨링을 시작해 세 아이가 모두 20대 청년이 된 김형태, 박미영 님을 만나 경험담을 들어보았다. _편집실

세 아이 홈스쿨링, 어떻게 했나요?

김형태 기독교교육 공부를 하면서 미국에 홈스쿨링이라는 교육

방법이 있다는 걸 알게 됐어요. 세 아이 교육에 대한 고민이 많을 때였죠. 아이들이 주체적이고 자립적인 사람으로 자랐으면 좋겠다고 아내와 자주 대화할 때라, 그 단어가 확 들어왔어요. 먼저 홈스쿨링을 시작한 사람들 사례를 참고하려고 책도 찾아보고 몇몇 가정을 찾아가기도 했어요. 하지만 크게 와닿지는 않더라고요. 각자 삶의 상황이 다르니까요. '자유로운 교육을 하고 싶어서'라고 했지만 제 눈에는 그분들의 경제적 여유와 아이들이 누리는 혜택이 먼저 보였어요.

박미영 그분들을 만나고 나니 오히려 우리처럼 경제적 여유가 없는 부모가 과연 이런 교육을 할 수 있을까, 고민이 되더라고요. 그럼에도 이 길을 선택하게 된 건 공교육 속에서 부모의 역할은 돈을 대주거나 정보를 끌어다주는 것 외에는 실질적으로 없다고 느꼈기 때문이에요. 부모가 생각하는 삶의 가치나 방향을 아이와 공유하며 서로의 삶에 스며들 시간이 없는 거죠. 그래도 선택은 아이 몫이라고 생각해서 큰아이에게 제안을 했는데, 고민을 좀 하더니 해보고 싶다고 하더라고요. 나중에 얘기하길 엄마 아빠가 제안한 거라 일단 믿음이 갔다고 하더군요. 세 아이 모두 초등학교까지는 졸업했어요. 학교에 특별한 불만도 없었고 적응도 잘했는데, 큰아이의 선택이 자연스레 동생들에게도 이어졌죠.

아빠는 교회 부목사 일로 바빴고, 학교 안 가는 세 아이를 돌보는 건 전적으로 제 몫이었어요. 처음엔 뭘 해야 될지 모르겠더라고요. 겁도 나고, 뭔가 커리큘럼을 짜줘야 할 것 같은 마음도 들고. 아빠가 애들을 가만히 두라고 하니까 그러긴 했는데, 그게 굉장히 어려웠어요.

특별한 것 없이 일상을 같이 지냈어요. 그냥 같이 밥 해먹고 놀고…. 우리끼리 소풍도 가고, 입학식도 하고, 운동회도 하고 그런 소소한 이벤트가 무척 즐거웠어요. "엄마, 친구가 학교에서 소풍 간대요" 하면 "그래? 우리도 가자" 하면서 김밥 싸서 나가고, 공원에서 놀다가 아빠가 점심시간에 잠깐 들르면 "어, 교장 선생님 오셨다" 하면서 박수 치고(웃음), 우리끼리 그냥 재밌게 놀았죠. 지금 돌아보니 학교교육 대신 무엇을 했는가가 아니라 그렇게 소소하고 즐거운 일상을 보내면서 아이들이 내적인 힘을 발현할 때까지 기다리는 게 중요했던 것 같아요. 그 기다림의 시간이 제일 힘들기도 했고요.

어떤 책에 "아이가 길을 가르쳐주더라"는 표현이 있었어요. 그 말을 믿고 가보자 했는데 아이들하고 같이 있어 보니까 도무지 애들이 길을 가르쳐줄 것 같지가 않은 거예요. 너무 불안했죠.(웃음) 나중에 아이들이 자라서 홈스쿨링 경험을 나누는 토크콘서트에 참여한 일이 있어요. 그때 자기도 많이 불안했다는 이야기를 처음 들었어요. 친구들이 학교와 학원을 왔다 갔다 하는 모습을 보면서 '이렇게 살아도 되나?' 너무 무서웠다고 하더라고요. 그런데 그 과정이 정말 필요한 시간이었다는 걸 나중에야 알게 됐다는 말도 덧붙였어요. '아무 생각 없이 멍 때리고 놀기만 하는 것 같아도 아이들이 자기 삶을 스스로 저렇게 고민했구나' 뒤늦게 알았죠.

김형태 그때 제가 아이들을 '그냥 두자'고 한 건 스스로 뭔가를 하고 싶을 때까지 기다려주는 것이 좋겠다고 생각해서예요. 늦게 퇴근해 집에 오면 아내가 아이들 때문에 힘들었던 얘기를 이것저것 하거든요. 제가 해줄 수 있는 말이 딱히 없었어요. 직접 도움을 줄 수 있는 상황이 아니니까 "그랬구나, 그래도 스스로 하려고 할 때까지 가만히 지켜보자. 뭔가 하고 싶은 게 생기면 그때 이야기를 잘 들어주자" 이렇게 위로하며 시간을 견뎠죠.

이따금 홈스쿨링에 대해 알고 싶다고 찾아오시는 분들이 있어요. 첫 질문이 "시간표는 어떻게 짜나요?" "아이를 어떻게 교육시키면 좋을까요?" 이런 거예요. 하지만 저는 홈스쿨링의 강점은 '스쿨링'이 아니라 '홈'에 있다고 생각해요. 사람들은 홈스쿨링이 교육의 한 방법이라고 생각하지만 저는 '삶의 태도'라고 생각하거든요. 아이를 어떻게 교육시킬까가 아니라, 가정 안에서 내가 어떤 부모가 될지를 함께 고민해가는 것이 더 본질적인 홈스쿨링에 가깝다고 생각해요. 중요한 것은 부모와 자녀가 얼마나 삶의 방향성을 공유하고, 시간과 공간을 충분히 같이하느냐는 거죠. 그런 의미에서 홈스쿨링은 '학습법'이 아니라 '삶을 전환하는 방법'으로 쓰여야 하지 않을까 싶어요.

그래서 홈스쿨링의 출발점은 아이가 아니라 부모여야 해요. 부모로서 얼마만큼 오롯이 삶을 잘 살 수 있는가에 대해 고민을 해야 하고요. 아이들에게 들었던 고마운 이야기 중 하나는 '엄마 아빠가 각자의 삶을 잘 살아주었기 때문에 우리도 자기다운 삶을 잘 살려고 노력했다'는 거예요. 그런 면에서 경제적 조건 등이 갖추어지지 않아도 나름의 형편에서 현실적으로 얼마든지 온전한 홈스쿨링을 할 수 있다고 생각해요.

박미영 계속 불안하긴 했지만 그러면서도 다짐하는 게 있었어요. '아이들 인생에 함부로 손대지 않겠다'는 거예요. 부모들은 아이들을 위한다는 생각으로 너무 쉽게 아이의 자기결정권을 박탈해요. 특히, 아이가 무언가를 새롭게 배우는 과정에서 부모가 더 잘 안다고 절대 관여하지 않아야 해요. 제가 아이들하고 바이올린을 같이 배울 기회가 있었어요. 몇 개월 하니까 자꾸 잘못된 자세가 눈에 들어오고 잔소리를 하고 싶어지더라고요. 그래서 제가 바이올린을 그만둬버렸어요. 이러면 안 되겠다 싶어서요. 아이들이 뭔가를 새로 배울 때는 그것에 대해 전혀 모르는 사람처럼 "와, 이게 어떻게 가능해?" "대단한데" "신기한데"라고 맞장구를 쳐주는 것밖에 없었어요. 아이들의 기를 살리기 위해 일부러 하는 말이 아니에요. 내가 모르는 영역이니까 아이들이 하는 것들이 진심으로 신기하고 대단해 보였어요. 알면 자꾸 손대고 싶을까 봐 아는 척하고 싶을까 봐 아이들 가까이에 있지만, 아이들 세계에 함부로 들어가지 않으려고 애썼던 것 같아요. 힘들었지만 부모로서 아주 좋은 성장의 시간이었어요.

김형태 세 아이를 키우고 보니 홈스쿨링의 가장 큰 장점은 부모도 아이도 삶의 동기를 스스로 찾아갈 수 있다는 거예요. 외부에서 주어지는 것을 열심히 따라가는 삶이 아니라, 심심하고 아무것도 하지 않는 과정 속에서 내적 갈등을 끊임없이 하거든요. 사람은 생명체이기 때문에 살아남기 위해서 무언가를 하게 되어 있어요. 초등학생도 나름 자기 인생을 두고 고민하잖아요. 부모가 그걸 막는 거예요. 부모가 귀를 열고 하나의 존재로서 아이를 존중하면서 진솔하게 이야기를 나눌 수 있는 관계를 만드는 것이 홈스쿨링의 시작이라고 생각해요.

　저는 목회를 하고 있지만 기독교 홈스쿨링을 택하진 않았어요. 처음엔 기독교 홈스쿨링 단체에 가입도 하고 자료를 찾아보기도 했지만, 제가 봤을 땐 '신앙의 이름으로 아이를 성공시키겠다' 하는 목표로 보였어요. 시간마다 성경책을 읽고, 암송하고, 열심히 기도하게 하고… 부모의 눈으로 봤을 때 아이가 신앙생활을 잘하는 것처럼 보이겠지만 그건 겉으로 드러나는 모습일 뿐이에요. 오히려 신앙을 왜곡시킬 가능성이 높다고 생각해요.

제가 아이들에게 가장 전해주고 싶은 가치는 '생명을 소중히 여기는 마음'이었던 것 같아요. 이십대 중반이 된 딸아이는 스스로를 '글 쓰는 농부'라고 하는데, 흙을 만지고 생명을 가꾸는 일을 통해서 오히려 더 신앙의 의미나 생명에 대한 이해가 깊어지는 거 같아요. 그 아이에겐 '땅을 사랑하는 마음'이 신앙인 거죠. 신앙적인 용어를 쓰지 않더라도 보편적인 언어로 생명에 대해 좀 더 풍성하게 얘기할 수 있는 아이의 삶이 좋아 보여요.

청년이 된 세 자녀는 어떻게 지내나요?

박미영 큰딸과 막내아들은 합천에서 저희와 함께 지내고 있어요. 농번기에 큰아이의 일과는 농사일로 채워지죠. 사업자등록을 내서 틈틈이 웹디자인 일도 하고 있어요. 어디에서 배운 게 아니라 쓰고 그리는 걸 좋아해서 이것저것 만들다 보니 사람들이 그걸 보고 주문을 해오기 시작했어요. 다른 지역에 사는 여성 청년 농부들과 각자 삶 이야기를 담아 농산물 꾸러미를 보내는 '마녀의 계절'이라는 일도 하고요. "엄마, 내가 농사를 짓지 않았으면 어떤 사람이 되었을까요?"라고 할 만큼 이 일을 아주 좋아해요. 직접 땀을 흘리며 쓰는 글이 이전에 머릿속으로 사유하면서 쓰는 글과는 굉장히 다르다고 해요.

둘째딸은 어릴 적부터, 사람들을 행복하게 해주는 디저트를 만들고 싶어 했어요. 관심분야를 검색하다가 우연히 당시 우리 마을에 국제빵과자페스티벌 심사위원인 셰프가 살고 있다는 사실을 알게 되었어요. 관심이 없었다면 그냥 빵집 사장님 정도로 지나칠 인연이었는데 자기가 관심을 가지니까 알아본 거죠.

어린아이가 뭘 만들어서 한번 봐달라고 자꾸 가져가는 걸, 그 셰프가 귀찮아하지 않고 참 귀하게 대해주셨어요. 피드백도 해주시고 특별 재료를 사용해보라고 주기도 하시고, 결국 그 선생님의 제안으로 열여섯 살에 제과제빵 국가 자격증도 땄어요. 아이가 하는 말이 "진짜 훌륭한 선생님은 돈을 안 받아, 공짜래. 그런데 나중에 우리가 커서 또 다른 아이들에게 갚으라고 그러셔" 하더라고요.

열아홉 살에 연극을 공부하고 싶다며 찾아간 한 청소년 극단에서는 노동 착취와 폭언 폭력을 당했어요. 그곳을 떠나면 다시는 이 바닥에 발을 디딜 수 없게 될 거라는 연출가의 협박에 오랫동안 부모에게 알리지도 못했죠. 예술교육이 대부분 도제식으로 밀착해서 이루어지다 보니까 그 자체가 너무 밀실인 거예요. 이건 홈스쿨러이기 때문에 생긴 문제라기보다는 세상 어디서나 있을 수 있는 일이라고 생각해요. 딸이 그런 애기를 했어요. 안 당했으면 좋았겠지만 이미 당한 일이고 많이 힘들지만 이 일이 자신을 성장시킬 거라 믿는다고. 더 이상 피해자가 생기지 않도록, 다른 아이들을 위해서라도 이 과정을 견디겠다고 말하는 게 대견해요. 자신의 삶을 고민하고 걸어간 아이니까, 또 곁에 좋은 어른들이 있다는 사실을 알고 있으니까 잘 극복할 거라 생각해요.

셋째아이는 어릴 때부터 음악을 하고 싶어 했어요. 어느 교수님이 아이가 작곡한 피아노 연주를 듣고 "선생이 필요하지 않느냐?"며 넌지시 물었는데, 애가 "저는 아직 제 음악의 길을 조금 더 가고 싶어요" 그러더라고요. 부모로서 이게 얼마나 아까운 기회인데 생각할 수도 있겠지만 전혀 그렇지 않았어요. 오히려 아이 말에 정말 믿음이 가는 거예요. 저런 기회를 덥석 물지 않고 담담하게 말할 수 있다는 데서 아이의 힘이 느껴지더라고요.

요즘은 누나와 함께 이곳저곳 초대받아 공연도 하고 청년 뮤지션들과 소소한 공연을 열기도 해요. 요리도 좋아해서 이야기와 음악이 있는 식당을 해보고 싶다는 야심찬 계획을 가지고 있어요. 이십대가 된 세 아이들은 이렇게 잘 살고 있어요.

김형태 평소에 많은 대화를 나누었기 때문에 기회가 생겼을 때 그런 길도 보이는 게 아닐까 싶어요. 아이의 관심사나 좋아하는 것에 대해서 함께 충분히, 오랫동안 깊게 얘기해온 거죠. 홈스쿨링을 하신다는 분이 자꾸 커리큘럼을 묻기에, 없다고 얘기했거든요. 근데 "그래도 좀…" 하시기에 제가 이렇게 말했어요. 홈스쿨링 커리큘럼의 1단계는 막 살기, 즉 내 맘대로 살기. 2단계는 해보기, 할 수 있는 건 뭐든지 해보기. 3단계는 스승 모시기라고. 굳이 저희 홈스쿨링의 커리큘럼을 묻는다면 그렇게 얘기하고 있어요.

홈스쿨링, 각자도생이 되지 않으려면

박미영 세 아이가 홈스쿨링을 하던 2000년대 중반 간디공동체에서 운영하던 홈스쿨링 네트워크 '학교너머'가 큰 도움이 됐어요. 누가 주축이 되어 이끄는 형태는 아니었고, 뭔가 해보고 싶으면 그 목적에 맞게 기획하고, 필요한 이를 찾아가거나 섭외하는 방식으로, 모든 게 아이들 중심이었어요. 선생님들은 거의 그림자 역할이었죠. 우리가 지향하는 배움과 너무나도 잘 맞는 좋은 방식이었다고 생각해요. 학교너머 부모들은 온라인 카페를 따로 만들었어요. 부모들의 욕구가 다양해 교사와 아이들이 그걸 다 받기는 힘들거든요. 제가 카페지기를 하면서 부모들과 소통하거나 모임을 따로 만들기도 했고, 아이들 활동을 공유하기도 했어요. 그런데 아이가 크고 나니까, 부모님들이 뒤도 안 돌아보고 모임을 떠나시는 거예요. 그 부모들을 계속 이끌어보려고 몇 년 동안 애를 쓰다가 지쳐서 그만두게 되었죠.

그래서 저희 아이들은 다 컸지만 이 마을에 '토기장이의집'이라는 북카페를 운영하고 있어요. 학교 밖 배움이 필요한 아이들과 뭘 도모해볼 수 있을까라는 고민이 그 바탕에 있어요. 그 연장선에서 이곳에서 책 읽기 모임도 하고 '담쟁이인문학교'나 소소하게 '청년캠프' 같은 것도 진행하고 있고요.

우리 아이들만 생각한다면 이제는 홈스쿨러들의 모임이 저희에게 필요하지 않아요. 그런데 조금 더 큰 관점에서 보면 사회적으로 이런 모임은 필요하고, 저 같은 사람의 경험도 필요하다고 봐요. 우리 아이들 홈스쿨링 할 때도 그렇게 마음을 내어주는 분들 덕분에 아이들이 잘 자랄 수 있었으니까요.

김형태 학교 밖 청소년들을 위한 지원이 늘어나서 예전보다 갈데가 많이 생기긴 했지만, 우리 아이들의 경우를 보면 일반적인 삶을 살아온 친구들과 대화할 때 답답함을 많이 느끼는 것 같아요. 학교 밖의 삶을 공유할 수 있는 네트워크가 있어야 비슷한 생각을 하는 사람들을 만날 수 있는 기회가 생기지 않을까 싶어요. 미국의 홈스쿨링 지원센터를 보면 자체적으로 교육과정을 만들기도 하고, 교과서도 발행하고, 부모교육도 하고, 공간도 쓸수 있고 하잖아요. 교육부 주관으로 지역마다 센터를 만들어서여러 가지 정보도 제공하고 사람들도 만나고 하면 얼마나 좋을까 하는 생각을 여전히 해요.

박미영 홈스쿨러 네트워크도 필요하지만, 교육정보 센터보다는 부모교육을 할 수 있는 공간이 필요하다고 봐요. 지역에서 제가 『민들레』 읽기모임을 하고 있는데, 건강한 생각을 가지고 있는 분들이 많거든요. 하지만 혼자 버티기엔 이 사회구조가 너무나 공고하기 때문에 함께 모이거나 책을 읽고 생각을 나눌 공간이 필요해요.

홈스쿨 1세대인 너희들의 역할이 필요하지 않겠냐는 이야기에 아이들도 충분히 공감하고, 그래야 한다고 느끼고 있어요. 지금은 '청년과 마을'을 키워드로 여러 사람을 만나고 있어요. 비슷한 뜻을 가진 청년들이 있을 텐데, 다들 흩어져 있으니까 한데 모여서 시너지를 만드는 게 필요한 것 같아요. 막내아들은 "사람들이 시골에선 할 게 없다는데 누나, 우리 시골을 '할 게 있는 공간'으로 만들어보자" 이런 얘기를 해요. 젊은이들의 이런 창의력이 보태어진다면 시골도 기회의 땅이 되지 않을까 싶어요. '별 볼일 있는 시골'로 만들어 글도 쓰고, 농사도 짓고, 공부도 하고, 축제도 하는 그런 공간이 되면 좋겠어요.

김형태 시대가 바뀌고 있잖아요. 교육도 마찬가지죠. 뭐가 공교육인지, 뭐가 홈스쿨링이고 뭐가 대안교육인지 경계가 허물어지고 있어요. 한 직장에서 수십 년 일하던 예전과 달리 자기 재능을 살려 새로운 직업을 만들어내는 젊은 세대를 보면, 홈스쿨링에 대한 부정적인 인식도 달라져야겠다는 생각이 들어요. 어른들의 생각이 바뀌지 않으면 아이들은 답답하거든요. 경험이 없는 어른들은 잘 모르니까 불안해하고, 여전히 공무원 같은 안정적인 직업이 정답이라고 얘기하니까요.

저희가 이곳에서 시도해보고 싶은 건 홈스쿨러들이, 그리고 대안을 찾는 많은 젊은이들이 자기 선택적인 삶을 구현할 수 있는 작은 마을을 만드는 거예요. '아! 여기선 경제적 수입이 적더라도, 얼마든지 자기만의 색깔로 삶을 충분히 즐길 수 있구나'를 꿈꿀 수 있는 마을이죠. 특정 공간에 매이지 않고 유동적으로 살아갈 수 있는 마을이 구현된다면 미래를 고민하는 청년들에게 도움이 되지 않을까요?

(vol. 125, 2019. 9-10)

기차학교 홈스쿨링

기차처럼 이어지는 배움의 과정

아내와 나는 첫아이를 임신하기 전부터 교육에 대해 고민했고 나름의 방향을 세웠다. 우리가 만든 규칙 중에 대표적인 건 '제도교육에 아이들을 맡기지 않고 아이들에게 맞는 교육 방법을 고민하고 공부하여 우리가 실행한다'는 것이다. 양육과 교육에 대해 방향을 잡아가는 동안 아이들이 연이어 태어났고, 네 아이가 자라는 과정에서 그 규칙에 조금씩 살이 붙었다. 성급했던

김태진 _ 아내와의 사이에 새날, 하늘, 푸름, 산 네 아이가 있다. 경기 양평에서 후배 가족들과 함께 공동체를 꾸려보려 몸부림치는 중이다. 상담과 교육 분야에서 프리랜서로 일하고 있다.

순간들도 많았고 무모한 시도도 있었다. 대체로 아내는 막막한 중에도 아이들을 믿었고 아이들의 속도에 익숙했다. 나는 상대적으로 조급했고 때로 너무 속도가 빨라서 맏이인 새날이가 많이 힘들어했다.

우리만의 교육과정을 '기차학교'라 이름 지은 것은 그 내용들이 연결성 있기를 바랐기 때문이다. 기차처럼 이어져 있고, 각 칸마다 수행해야 할 과제가 있고, 그 이어진 과제를 해결하며 스스로 주인이 되어가는 교육을 생각했다. 처음에 생각하기로 '청년기는 독립된 삶이고 대학은 인간의 성장보다 전문성을 기르는 교육기관이니, 우리는 유치원에서 고등학교 과정까지 연결하면 충분하다'고 생각했다. 그런데 새날이가 대학을 선택하지 않으면서 청년기까지 포함한 교육의 필요성을 느끼게 되었다. 평생의 삶이 연결되는 그런 학교가 되어야 하지 않을까 고민을 하게 된 것이다.

삶은 토막토막 단절된 것이 아니라 연속선상에 있다. 매일이 이어지고 매주, 매월, 분기, 반년, 일 년 그리고 몇 년씩 묶어서 인생의 중요한 변화를 만나고 그 시기마다 해결해야 할 과제를 수행하게 된다. 이 인생의 시간에서 스스로 주인이 되어 살 수 있도록 돕는 것이 부모이자 교사인 우리의 역할이다. 어릴수록 긴 인생을 설계하는 것이 어렵다. 허술한 계획이지만 직접 상상해보고, 가장 하고 싶은 것들을 생각해보며 한 해의 마지막에 이르렀을 때 실제로 살아낸 삶과 계획했던 것을 연결해보는 것은 스스로의 인생을 책임지는 데 도움이 된다고 본다. 누가 대신 살아낼 수도 없고, 누구도 강요해서는 안 될 자신만의 고유한 시간임을 알아차릴 수 있도록 돕는 것이 네 아이 홈스쿨링을 하며 우리가 중요하게 생각해온 부분이다.

차 마시며 열리는 야간대학

늘 아이들과 함께하지 못하고 각자 바쁜 일정을 보내야 하는 우리 부부에게 다 함께 차를 마시는 것은 아이들의 성장을 발견하는 중요한 시간이다. 아이들이 지금보다 훨씬 어렸을 때, 우리는 보이차를 마시기 시작했다. 차뿐 아니라 차를 우려내는 자사호와 잔, 다판도 만만치 않은 가격이지만, 우리 모두를 위해 '사치'를 즐겨보기로 했다. 녹차만 마시던 때보다 더 오래 차를 마실 수 있는 환경 덕분에 가족들이 함께 앉아 있는 시간이 늘어났다. 여유가 있는 날은 서너 시간 담소를 나눌 수 있으니 행복한 삶에 더없이 좋은 장치가 되었다. 차를 마시며 정해진 주제 없이 아이들이 궁금해하는 것, 내가 중요하게 생각하는 것, 혹은 이 사회에서 가난하고 힘없는 사람들이 겪는 고통까지 온갖 얘기들이 두런두런 오간다. 어느 날 아내가 청년 시절 야학에서 봉사했다는 얘기를 듣고 아이들은 차 마시는 자리를 '야간대학'으로 이름 붙이자고 했다. 삶에 대해 배우니 '대학'이고 주로 밤에 모이니까 '야간'대학이란다. 왠지 어감도 좋고 의미도 좋아서 '야간대학'이라 부르게 된 그 자리는 우리 가족의 중요한 배움터가 되었다.

대학이 시장의 요청에 의해 학과가 편성되고 소극적인 직업인 양성소로 변질되며 책임 있는 지식인을 양성해야 하는 본연의 임무에서 멀어져가는 요즘 시대에, 어쩌면 진정한 대학의 기능을 하고 있는 것은 아닌가 스스로 자랑스레 생각한다. 아이들이 질문하며 배우고 깨닫는 모습, 아주 천천히 성장하는 모습을 발견하는 것은 엄청난 즐거움이다. 제도권에서 인정하는 학력검정을 전혀 시도하지 않았음에도 불안해하지 않고 자유를 만끽할 수 있는 것은 아마도 이 야간대학을 통해 아이들이 스스로의 존재에 자신감을 갖는 모습을 봤기 때문일 것이다. 주변의 많은 이들이 우리 아이들의 미래를 걱정하지만 거의 매일 아이들과 마주앉아 대화를 나누다 보면 그들의 염려는 기우라는 것을 확신할 수 있다.

알고 싶은 것에 대해 얘기하고, 문제의식이 있는 주제에 대해 토론하고, 성장하며 겪는 심리적 고통에 대해 토로하고, 미래의 삶에 대해 막연하게 느껴지는 불안을 고백하고, 이렇게 함께 대화를 나누고 배울 수 있는 자리가 있다는 것이 얼마나 큰 위안인지 고마워하며 꽤 긴 시간을 보냈다. 청소년기에 들어선 셋째 푸름이가 멤버로 합류하자, 아직 이른 감이 있지만 심심해진 막내 산이도 깍두기로 함께하게 되었다.

앞으로 펼쳐질 야간대학이 사실 더 설렌다. 지금까지는 대체로 아이들의 질문에 내가 답을 하거나 여러 가지 이야기를 들려주는 시간이 많았지만, 점점 아이들이 말하는 시간이 늘어나고 있다. 자연에서 발견하는 것, 동물의 세계에 대한 이해, 일반적인 패러다임을 벗어나는 통찰과 아이들의 세심한 관찰력이 불쑥불쑥 튀어나온다. 아이들이 배우고 깨닫는 얘기를 듣는 것만으로도 충분히 즐거운데, 나의 이야기를 수준 높은 귀로 들어주니 이 또한 형언하기 어려우리만치 신난다.

노작, 일의 세계

아이들의 삶에 중요한 것 중 하나가 '일의 세계'다. 일을 위해 주어진 시간을 스스로 잘 조율할 수 있는 힘을 기르도록 돕는 것이 기차학교에서 중요하게 생각하는 가치 중 하나다. 나이에 따라 할 수 있는 노동의 종류와 강도가 달라야 한다. 아주 어린 시절에는 놀이가 노동이고 노동이 곧 놀이인 시간을 보낸다. 조금 자라면 가족의 구성원으로서 해야 할 일들이 생기는데, 아르바이트가 아니라 가족이 함께 살아가기 위해서 맡아야 할 책임이다. 그래서 집안일을 하는 것에는 대가를 지불하지 않았다. 어려서는 소소한 심부름을 하다가 여덟 살이 되면 설거지부터 시작했다. 서툰 솜씨라 다시 뒤치다꺼리를 해야 하더라도 아이들이 스스로 할 기회를 주었다. 조금 지나서는 밥 짓는 법도 배우고, 조금 더 지나서는 간식도 직접 만들어 먹었다.

그런 일들을 나이에 맞게, 할 수 있는 만큼 정해왔는데 몇 년 전부터 틈이 생기기 시작했다. 집안일과 아이들 교육을 위해 전적으로 집에 머물던 아내가 바깥일로 바빠졌기 때문이다. 바깥 활동을 하면서 집에서 하던 일도 그대로 해야 하니 아내의 삶이 고단해졌다. 아내가 가사 노동에서 자유로울 수 있도록 가족 모두가 궁리를 했다. 한 사람이 희생하지 않고 모두가 만족할 수 있는 대안을 찾느라 머리를 맞댄 끝에 엄마가 맡았던 일을 아이들이 나눠서 하기로 했다. 모든 집안일이 아이들의 임무는 아니기 때문에 엄마 일을 대신하는 것에 대해서는 아르바이트 개념으로 임금을 지급하기로 했는데, 그 결과는 서로 상당히 만족스러웠다. 일 년에 한두 차례는 임금이 적정한지, 임금을 조정해야 하는 새로운 변수가 있는지 아이들과 확인하며 노동 수준과 조건에 대한 협상을 한다. 아주 작은 시도지만 노동에 대한 권리의식과 교환 정의, 분배 정의에 대해 자연스레 아이들의 인식이 높아지는 것을 발견하며 흐뭇하다.

땀을 흘려 먹을 것을 마련하고 내가 버린 것에 책임지는 삶을 중요하게 생각하는 만큼, 시골로 이사해서 농사를 짓고 소소한

물건들을 만들어 쓰면서 몸으로 일하는 시간에 비중을 두었다. 마당을 포함한 바깥일은 주로 푸름이와 산이가 한다. 일머리가 있어서 웬만한 어른보다 훨씬 많은 일을 하고 또 잘한다. 아이들이 아주 어렸을 때는 계획부터 마무리까지 대부분 나 혼자 감당해야 할 때가 많아서 일이 끝날 즈음에는 다시 시작할 엄두가 안 날 만큼 지치곤 했는데, 요즘은 어느 정도 해놓으면 푸름이와 산이가 마무리를 해주니 얼마나 수월한지 모른다. 일을 하다 보면 일일이 공구를 가지러 다니는 것도 지치는 일인데, 일의 순서에 맞게 각각 어떤 공구가 필요한지 잘 알고 있는 푸름이가 옆에서 조수를 해주면 많은 일을 짧은 시간에 마칠 수 있다. 바쁜 일정에 쫓겨서 미처 하지 못한 일들을 부탁해놓고 어딜 다녀오면, 내가 생각한 것에 자신들의 아이디어를 보태 알아서 마무리한 모습에 자주 감탄한다.

공구를 다루는 일에 익숙해져서 그런지 무언가 만든다고 뚝딱거리는 횟수가 늘고 있다. 할 수 있다는 자신감도 넘치는 것 같다. 아마 더 성장하면 자신들이 살 집을 스스로 짓겠다고 나서는 날이 올지도 모르겠다. 무언가 키우는 일을 좋아하는 산이는 여러 생물이 함께 살 수 있도록 커다란 생태 수족관을 만들고, 마당에 연못을 파서 태양광으로 물이 순환하는 장치도 만들어보고 싶단다.

아이들이 나를 도와 자연스레 농사일을 하는 것도 말하자면 노작수업이다. 그런데 정작 아이들은 농사일에 그리 큰 흥미가 없어 보인다. 왠지 몸 쓰는 일을 배운다면 농사일이 더 적격이라 생각했는데, 이는 아마도 어려서부터 농사일을 신성시하던 어른들의 정서가 내게 미친 영향도 있을 것이다. 그러니 농사에 큰 흥미를 보이지 않는 아이들에게 약간 실망스럽기도 했다.

그러나 요즘엔 이것도 욕심이 아닐까 생각한다. 농사가 아니라도 아이들은 노동에 익숙한 삶을 배워가고 있고, 이미 우리 생활의 많은 부분이 아이들과 함께하는 노동에 의해 이루어지고 있다. 나무 데크가 썩지 않도록 오일스테인을 칠하고, 마당의 잡다한 것을 치우느라 수레를 끌고 다니고, 나무에 물 주고, 집 안 청소를 하고, 가구를 수리하거나 새로 만들고, 김장독에 남은 김치를 퍼내고, 강아지가 여름을 잘 나도록 개집에 그늘을 만드는 이 모든 것이 노동이니, 아이들은 이미 일상을 통해 노작수업을 훌륭하게 하고 있다.

아이들에게는 노동에서 얻는 즐거움에 익숙해지는 것이 중요하다. 땀 흘려 노동하는 것이 몸에 배고, 그 일에서 즐거움을 맛볼 줄 아는 사람으로 성장하기를 바란다. 사람은 일생의 많은 시간을 일을 하며 보내는데 일에서 행복할 줄 모르면 삶은 고역으로 가득할 것이다. 벌이가 적어도 자신이 하는 일에 의미를 찾고, 일을 통해 삶을 즐기는 유쾌한 사람들로 성장하기를 바란다.

아이들은 본래 강요하지 않아도 세계의 한 구성원으로서 자신의 역할을 수행하고 싶어하는 듯하다. 때로 자신도 잘 알아채지 못하는 이 깊은 욕구를 누군가 존중하고 지지할 때 더 자발적이다. 부모된 도리인 것 같아서, 혹은 좋은 부모가 되지 못할 것 같은 불안 때문에 자주 "해야 한다"를 되풀이하고 심지어 감시하게 되는데, 그래서 아이들의 자발성이 원래보다 더디게 발달하는 것 같다. 급한 마음으로 다그치게 될 때마다 다시 돌아보고 아이들의 속도를 존중하고 아이들 마음을 발견하려 애쓴다. 그나마 이런 노력이 있어 부족함이 많아도 아이들에게 신뢰를 쌓아온 것이 아닌가 싶다. 강요하는 어른들의 태도를 참아내는 관대함과 활력으로 자신을 채워가는 아이들의 모습에 그저 감탄할 따름이다.

멀리 내다보는 삶

우리의 의도는 그렇다. 가르치는 사람 중심의 규칙을 만들어서 아이들이 그것대로 살게 하는 것이 아니라 규칙의 역할은 다만 일정한 '한계'를 두는 것이다. 규칙은 절대 규정이 아니라 삶의 리듬을 유지하고자 하는 기준선이다. 기준선이 있으면 살짝 벗어나더라도 다시 돌아오기가 쉽다. 본래 인생이 목표를 향해 일직선으로 나아가는 것이 아니라, 아리랑 고개를 넘어가듯 올라갔다 내려갔다 하며 천천히 목표를 향해 가는 것이라 생각한다. 아이들에게도 이 기준선이 있으면 선을 살짝 벗어나는 스릴을 만끽하다가도 다시 선의 중심으로 들어서기도 하고 너무 열심히 해서 경직됐다가도 다시 여유를 찾는 데 도움이 된다. 모든 사람은 자기 시간의 주인이다. 매일 누구에게나 공평하게 주어지는 24시간을 스스로 조율하며 살 권리가 있다. 권리를 가진 주인으로 살 수 있는 힘을 기르는 것이 중요하다. 남의 눈치를 보는 이에게 24시간은 고역이지 더 이상 선물이 아니다. 어떻게든 때워야 하는 지루함이 되는 것이다.

매일 주어지는 24시간이 긍정적인 감정으로 채워진다면 훗날 삶은 행복했던 순간들로 기억될 것이다. 인생을 설계하고 매일 주어지는 시간을 조율하는 것, 이 삶의 시간들을 의미와 즐거움으로 가득 채울 수 있도록 하는 것, 더 자주 몰입의 순간을 경험하는 것은 온전히 자신의 몫이다. 어려서 스스로 시간의 주인으로 살도록 돕는 것이 교육을 통해 구현해야 할 책임이다.

눈앞의 결실이 아니라 긴 호흡의 삶, 멀리 내다보는 힘이 필요한 시대라고 생각한다. 불안정한 노동 시장에서 일자리는 점점 사라지고 언제든 해고당할 수 있는 불안한 고용 상태를 견뎌야 하는 고도의 스트레스는 일하는 사람뿐 아니라 그 가족들과도 밀접하게 연결되어 있다. 게다가 앞으로 로봇이 인간의 일을 대체할 것이 분명한데 그렇다면 인간의 노동은 어떻게 될 것인지 거의 예측이 안 되니 불안은 더 커진다. 나를 비롯해서 이 시대를 사는 사람들이 조금 더 멀리 내다볼 수 있으면 좋겠다. 이래야 행복하다 저래야 행복하다는 이야기가 수많은 매체를 통해 도배되고, 무엇이 우선적인 기준이 되어야 하는지 도무지 종잡기 힘든 세상이라 더욱 그렇다.

예전에 새날과 푸름이 찻방에서 나눈 대화의 여운이 길다. 어느 모임 자리에서 처음 보는 분 옆자리에 앉았는데 이런저런 이야기를 나누다가 "그럼 어느 학교 다니나요?" 하고 물었다 한다. "네, 저는 대학에 다니지 않고 제게 필요한 공부를 선택해서 여기저기 배우러 다니고 있어요." 이렇게 얘기해놓고 자신도 뿌듯했던 모양이다. 성인기에 들어섰다고 하나 이제 막 청소년에서 청년으로 넘어가는 나이고, 사촌들을 비롯해서 비슷한 또래 친구들은 정체가 분명한 학교에 다니고 있으니 비교되기 쉽다. 주변의 어른들이야 깊은 관심으로 하는 질문이 아니겠지만, 자신의 위치에 확신이 없으면 자극을 받기 쉽다. 게다가 검정고시를 한 번도 치르지 않은 무학력 상태이니 부모인 나도 지인들에게 걱정과 호기심 어린 질문을 많이 받곤 하는데 당사자인 아이들은 오죽할까. 우리는 선택에 대해 나름 확신이 있지만 아이들은 일반적인 틀을 벗어나서 살아간다는 것이 그리 쉽지 않을 것이다.

새날이 스스로 한 선택에 대해 다른 사람들에게 설명하는 방식이 멋있다고 생각했다. 최선을 다해 시도하지만 그 방법이 충분히 타당한지 아이들에게 적절한 접근인지 늘 고민이 많고 때로는 염려와 불안이 앞서기도 하는데, 아이들이 이렇게 중심을 잡고 자신의 생각을 표현할 때면 그런 불안이 안개 걷히듯 사라지는 걸 경험한다. 아이들에게 스스로 무엇을 하고 있는지 왜 하는지 그리고 어디에 있는지 어디로 갈 것이지 생각하는 힘이 있다는 것을 발견할 때, 다른 길을 선택한 부모로서 큰 기쁨을 느낀다.

(vol. 112, 2017. 7-8)

도시의 마을을 배움터 삼아

홈스쿨링을 바라보는 시선

초등학교 3학년부터 홈스쿨링을 시작해 2년쯤 지났을 무렵이었다. 어느 날 아침, 강아지 곰곰이를 데리고 산책을 다녀온 준규의 얼굴이 미소를 머금은 채 상기되어 있었다.

사건의 전말은 이러했다. 강아지를 데리고 동네 초등학교 교문 앞을 지나고 있었단다. 등교시간이 10분 남짓 지난 후였는데, 교문에 서 계시던 경비 아저씨가 동네 백수처럼(?) 보이고도 남

김지현 _ 비종교 홈스쿨링 모임 '홈스쿨링이 궁금하다면…'과 홈스쿨링 관련 블로그(blog.naver.com/junkyunet)를 운영하고 있다. 『준규네 홈스쿨』 출간 후 강연과 글 쓰는 일을 주로 하고 있다.

을 준규에게 따가운 눈초리로 물으시더란다. "너는 왜 학교 안 가고 돌아다니냐?" 아이는 홈스쿨링을 하고 있노라 사실대로 말할 때 되돌아오는 피곤함을 익히 알기에 잠시 머뭇거렸다고 한다. 홈스쿨링을 한다고 말했을 때 호감을 표시하는 사람들도 더러 있지만, 대부분은 부모 말 안 듣고 속 썩이는 아이처럼 받아들이는 경우가 많기 때문이다.

머리를 긁적이며 대답의 노선을 정하지 못하고 있는데, 한 학부형이 아이를 등교시키고 나오다 준규를 알아보고는 "어머, 너 혹시 SBS 영재발굴단에 나온 로봇영재 아니니?" 물으셨단다. 그렇다고 대답하자, "아저씨, 다 이유가 있어서 학교 안 가는 건데, 함부로 그렇게 나무라시면 안 되죠!" 하더란다. 어깨를 잔뜩 부풀리고 준규에게 인생 선배로서 한껏 충고를 하려던 수위 아저씨는 "아, 그래요?" 하며 머쓱해했다고. 아이는 제 입으로 구구절절 설명할 필요 없이 상황이 보기 좋게 역전되어 나름 통쾌했던 모양이다. "쯧쯧쯧" 혀를 차는 사람부터 "엄마 말 안 듣다가 거지 된다"는 말까지, 난감한 상황을 숱하게 겪었던 아이 입장에서는 그럴 만도 했다. 입꼬리가 살짝 올라간 채로 전장에서 승리하고 돌아온 병사처럼 의기양양한 아이의 얘기를 듣고 있노라니 그 학부형에게 고마운 마음과 함께, 그간 아이가 편견을 가진 어른들에게서 받았을 상처가 자못 쓰라렸다.

홈스쿨링을 하기 전에는 나 또한 홈스쿨링에 대해 다소 부정적이었다. 아이의 성향이나 의견과는 상관없이 자신의 교육관만을 고수하는 부모 모습이 떠올랐기 때문이다. 물론 공교육에서 불만족스러운 부분도 많지만, 공교육을 덮어놓고 부정할 필요는 없다고 생각했다. 아이마다 달라서, 학교가 힘든 아이가 있는 반면 재미있다고 느끼는 아이들도 있다. 또한 같은 아이라도 시기에 따라서 학교를 거부할 때도 있다고 생각했다.

준규는 초등학교 1학년 때부터 '왜 학교를 다니는지' 물었다. 꾸역꾸역 버티다 3학년 무렵에는 "매일 아침 지옥으로 걸어 들어가는 것 같다"고 말할 만큼 학교 다니기를 힘들어했다. 아이의 영혼이 피폐해지는 모습을 두고 볼 수만은 없었다. 학교 밖을 선택하는 것 말고는 도리가 없었기에 아이부터 살리자는 마음, 좀 쉬어가자는 마음으로 학교를 나왔다. '준규네 홈스쿨'은 아이가 원하는 방식으로 아이를 이해하고 받아들이는 과정의 첫걸음이었다.

그 어떤 보호막도 없는 학교 경계 밖으로 나왔을 때 느낀 막막함은 생각보다 컸다. 아이의 인생이 오롯이 부모의 책임인 것만 같았다. 하지만 그보다 힘들었던 것은 학교 밖으로 걸어나오기 전, 주저하고 머뭇거리던 고민의 시간들이었다. 아이의 인생을 위한다는 핑계로 판단력이 흐려지지는 않았는지, 아이 상태를 왜곡시키지 않고 균형감 있게 고려한 것인지 끊임없이 저울질해야 하는 과정은 어렵고도 혼란스러웠다. 학교라는 울타리 안에 소속되어 있다는 그 안정감을 과감히 포기하는 것, 어쩌면 사회에서 실패자나 낙오자처럼 보일지도 모르는 상황이 겁나고 싫었는지도 모르겠다.

그렇지만 나오고 나서야 알았다. 아무렇지 않다는 것을. '이 렇게 평화로울 수가 있나' 싶을 때도 많았고, 위기처럼 보이는 시간을 기회로 만들기 위해 최선을 다하고 애쓰는 과정에서 얻 은 것들이 너무나 많았다. 지난 시간을 통해 학교를 가고 안 가 고는 그리 중요한 문제가 아니라는 것을 알게 되었다. 그때로 다 시 돌아가더라도 홈스쿨링을 무조건 택할 만큼, 그때의 결정은 너무 잘한 일이라고 생각한다. 그로 인해 아이가 밝고 건강하게 자랄 수 있었고, 아이와의 '관계' 또한 단단하게 지켜낼 수 있었 기 때문이다.

조금은 다른 방식의 홈스쿨링

학교를 관두면서, 대안학교를 기웃거려 보기도 하고 홈스쿨 링 공동체를 찾아보자며 남편과 인터넷을 뒤지기도 했다. 하지 만 아이에게 맞는 대안학교를 찾기까지는 엄청난 시간과 에너 지가 든다는 걸 알았고, 공동체 또한 내가 뭔가 내줄 수 있는 것 이 있거나 종교를 기반으로 할 때 가능하다는 것을 알았다. 결국 내가 아이의 완벽한 선생님이 될 수 없다는 것을 인정하고, 시행착오를 거치는 과정을 통해 아이와 함께 배워가리라 다짐하며 하나씩 부딪혀나갔다. 어떤 단체에도 소속되지 않았지만 아이가 좋아하는 것을 충분히 할 수 있게 해주고, 아이의 결에 맞추어 배움을 이어갔다.

학교 밖으로 나온 후 가장 큰 숙제는 아이가 사회로부터 고립되지 않도록 하는 것이었다. 기존의 홈스쿨링은 일을 그만두고 아이와 시골로 간다거나, 부모 중 한 명이 아이에게 딱 붙어서 교사 역할을 대신해야 하는 등 부담이 커보였다. 또한 부모의 시간을 전적으로 아이에게 쏟는 것은 아이에게 부담을 줄 뿐만 아니라 리스크도 크다고 생각했다. 나는 남편과 하던 일을 계속하며, 단지 물리적으로 아이를 혼자 두지 않을 뿐 아이가 주체적으로 시간을 보낼 수 있는 힘을 기르는 데 중점을 두었다. 그 과정에서 내 역할은 공부를 가르치는 티칭teaching이기보다는 아이의 계획을 돕고, 긴장의 끈이 느슨해질 때 완급조절을 할 수 있도록 코칭coaching 해주는 것이라는 사실을 알게 되었다. 물론 수많은 실패와 시행착오를 통해 터득하게 된 깨달음이다.

초등 저학년임을 고려해 학습은 최소한만 했다. 아이 스스로 공부에 대한 동기부여가 선행되는 것이 더 중요하다고, 최소한의 학습과 독서, 다양한 경험으로 공부 그릇을 키워 놓을 수 있으면 충분하다고 생각했다. 그렇더라도 첫 일 년, 아이의 모습은 한없이 무기력했고 모든 노력과 시도들은 모조리 튕겨 나왔다.

제아무리 좋은 계획, 교재, 프로그램도 소용없었다. 우선은 회복의 시간이 필요해 보였다. 온종일 종이접기만 하는 날도 숱했고, 아무짝에도 쓸모없어 보이는 것들을 만드느라 몇 날 며칠을 허비할 때도 많았다. 하루하루 의무적으로 하는 학습보다 아이 스스로 인생에 의욕을 가지는 것, 하고 싶은 것을 찾는 것이 더 중요해 보였다. 아이의 시간 밖에서 옆을 지키는 것만이 내가 할 수 있는 전부였다.

때로는 불안하고 속이 터질 때도 많았지만, 기다림 속에서 아이는 조금씩 회복의 기미를 보이기 시작했다. 한 달 내내 밥 먹는 시간을 제외하고 종이만 접던 아이는 쌓여만 가는 종이접기 작품을 일일장터에 나가 팔아보겠다며 의욕을 보이기 시작했다. 어릴 때부터 종이접기 서적과 동영상들을 보며 무수히 종이를 접어대던 아이는 마을 서재에서 꼬마들을 대상으로 종이접기 교실을 열더니, 얼마 전엔 『게임 종이접기』라는 책을 내기도 했다. 갖고 싶은 로봇이 있다며 반년 넘도록 로봇 만들기에 몰입한 적도 있다. 그 시간이 쌓여 로봇영재로 방송에 소개도 되고, 작년에는 로봇대회에서 장관상을 받기도 했다.

곰곰이 생각해보면 아이에게 이 모든 것들이 놀이였기에 긴 유희의 시간 속에서 몰입을 경험하고 그것이 학습으로까지 나아갈 수 있었던 것 같다. 지난 4년여간 실패와 시행착오도 많았지만, 자기 주도적으로 온전한 하루를 만들어가기 위한 과정은 아이에게 더없이 소중한 시간이었다.

최근 집에서 온라인 수업을 듣는 아이들을 보며 저것만 해도 되나 불안해하며 나머지 시간을 다른 학습으로 채워주려는 부모들도 있을 텐데, 오히려 수업 이외의 시간을 충분히 즐길 수 있도록 내버려두는 일이 필요한 것 같다. 놀 권리를 지켜주어야 한다는 뜻이다. 로봇, 인공지능이 발달할수록 인간이 여가나 놀이로 채워야 하는 시간은 더욱 늘어날 것이고, 그 시간을 얼마나 재미있고 창의적으로 사용할 수 있는가가 더 중요한 세상에 살게 될 것이다. 많이 놀아봐야 잘하지 않겠는가?

소셜스쿨링

아이들은 학교라는 작은 사회를 통해 타인을 경험하고, 관계를 배운다. 학교 밖에 있을 때 가장 우려하는 것이 '사회성'이다. 물리적으로 또래 집단과 만나는 기회가 적으니 걱정할 만하다. 나 또한 학교를 나오며 가장 걱정하고 신경 썼던 부분이기도 하다. 그나마 다행이었던 것은 우리가 사는 곳이 서울 북촌 한옥마을이라 아파트 단지로 빼곡한 지역과는 조금 다른 분위기였다는 것이다. 10년 전, 도심의 아주 작은 한옥으로 이사하며 사랑방에 에어비앤비Airbnb를 시작했다. 세계 각국에서 온 여행객들이 우리 집 대문을 드나들며 때론 아이의 친구가 되기도 했고,

영어 선생님이 되거나 아침 식사를 함께하는 가족이 되기도 했다. 강아지를 데리고 산책을 나가면 골목길을 들고나며 이웃집 꼬마들을 만났고, 동네 사진관이나 꽃가게, 카페, 떡볶이집, 탁구장 등에서 다양한 나이와 직업군의 사람들과 어우러질 수 있는 이곳이 아이에게는 학교이자 놀이터였다.

아이는 집과 마을을 기반으로 역사적인 장소들을 쉽게 접하고, 나이와 국적에 제한 없이 많은 사람들을 만나며 다양한 경험을 했다. 마을을 기반으로 다양한 이들과 교류하며 배워나가는 모습을 『준규네 홈스쿨』에서 '소셜스쿨링Social Schooling'이라는 말로 소개하기도 했다. 확장된 의미의 홈스쿨링, 이른바 소셜스쿨링을 하고 있는 모습이 내가 아이에게 만들어주고 싶었던 교육환경이었는지도 모르겠다.

또한 우리 집 대문을 다른 아이들에게도 열어놓았고, 또래들과의 시간이 부족해 보이면 동네 태권도장, 구립 체육센터 등을 아이에게 권했다. 또래와 단체활동을 할 수 있게 서울시에서 운영하는 하자센터를 정기적으로 다니기도 하고, 뮤지컬 극단을 매주 나가면서 부족한 부분을 채워나갔다.

학교 다닐 때는 거의 관심을 두지 않던 학원도 아이가 원하면 적극적으로 활용했다. 과학 실험을 너무 하고 싶다고 해서, 3년가량 학원을 다니기도 했다. 너무 노는 것 같다며 영어학원을 좀 보내달래서, 일주일에 두 번씩 영국문화원에 다닌 적도 있다. 최근엔 수학학원을 보내달라고 일 년 가까이 조르는 바람에 심사숙고 끝에 보내주었더니, 자기는 혼자 하는 공부가 얼마나 어려운지 알기 때문에, 학원에서 배우는 것들이 너무 쉽고 재미있다고 했다.

내 눈에 비친 아이는 사회적인 프레임 안에서 성공적인 삶을 살고 싶어 하는 성향을 갖고 있다. 너무 맹목적으로 대학을 지향하거나 부모의 욕심을 채우는 것이 잘못되었다고 생각할 뿐, 홈스쿨링을 한다고 해서 굳이 고등교육, 대학교육을 지양할 필요는 없다고 생각한다. 모든 선택의 과정에는 그 중심에 늘 아이가 있었다. 홈스쿨링을 시작하며 가장 큰 걱정이 아이의 학습이었지만 막상 해보니 중요한 부분은 '학습'이 아니었다. 가정을 중심으로 부모 자식 간의 관계가 잘 형성되고, 교육에 대한 방향이 정해지면 학습은 그저 수단이나 방법에 불과했다.

'4년 넘게 홈스쿨링을 도대체 어떻게 했는지' 묻는 부모들에게 내가 주로 전하는 이야기가 있다. 초등학생의 경우, 스스로 뭔가 하겠다는 의지를 보이기 전까지는 절대 부모가 욕심 부리지 말라는 것이다. 이참에 아이 학습 습관 좀 들여보겠다고 시간 체크하고, 예습이다, 복습이다, 문제집이다 욕심을 내다 보면 결국은 학교와 학원을 오가던 수동적인 생활에 머물고 말 것이라고…. 진짜 중요한 것은 당장의 학습이 아니라, 아이 스스로 시간의 주인이 되어 자기 인생에 책임을 느끼고 뭐든 하고 싶은 마음이 드는 그 과정이다. 부모가 그때까지 기다려주는 것이 반드시 필요하다.

지난 4년간 아이는 '정말이지 실컷 놀았다'고 말한다. 그 과정에서 몰입을 경험하고 본인이 좋아하는 것, 하고 싶은 것들을 찾았다. 지금은 학습과 온갖 취미생활에 의욕을 보이며 신나는 하루하루를 보내고 있다.

최낙언의 『맛의 원리』에는 이런 이야기가 나온다. "식물은 추위에 얼지 않기 위해 조직에 당액을 비축하고, 초식 벌레의 공격을 막고 상처를 받으면 치유하기 위해 화학물질을 분비하는데 이런 것들이 맛과 향의 성분이 된다. 좋은 와인일수록 척박한 토양에서 스트레스를 받으며 자란 포도로 만들어진다." 학교라는 온실을 벗어난 아이는 스스로 야생의 환경을 선택하며 끊임없이 당액을 비축하고 화학물질을 분비해야 했지만, 그로 인해 자신만의 독특한 맛과 향기를 품으며 자라고 있다.

코로나19로 맞이한 교육의 변화

여전히 학교라는 곳에서 자신을 온전히 지켜나가는 것을 힘들어하는 아이들이 적지 않다. 안 다니고 싶지만 별다른 대안이 없어 홈스쿨링을 생각지 못하는 아이(부모)들도 있을 것이다. 내가 그랬듯, 학교를 안 다닌다는 사실이 주는 당혹스러움, 경계 밖으로 밀려나는 것 같은 막막함을 견디기 힘든 것도 이유일 것이다. 학교를 관둔다는 것은 쉬운 결정이 아니다.

그런 면에서 지금의 상황은 또 다른 기회로 보이기도 한다. 코로나19라는 변수는 너무나 당연했던 일상의 프레임에 큰 변화를 불러왔다. 눈뜨면 당연히 가는 곳이라 여겼던 학교에 못가는 상황이 펼쳐지고, 온라인 개학이라는 사상 초유의 사태를 맞이하게 되었다. 집에서 온라인 수업을 들으며 집중하지 못하는 아이들 모습에 부모들은 심란해하고, 학교 재량으로 아이들의 등교 일수를 정하는 과정에서조차 고민에 빠진다. 학교를 보내는 것과 코로나로부터 아이를 지키기 위해 학교를 안 보내는 것 사이에서….

이런 상황에서 우리는 다시 근본적인 질문을 던질 수밖에 없다. 학교를 왜 가는지, 학교에서 아이들은 무엇을 배우고자 하는지, 아이에게 가장 중요한 것이 무엇인지…. 학교를 안 다니면 큰일 날 것 같았지만 결국 시대적인 상황으로 이렇게 기준이 흐릿해지고 있다. 학교를 바라보는 시선 또한 많이 변할 것이다.

중1 나이가 되어, 이번 학기부터 학교를 다녀보기로 결정한 준규는 얼마 전 일주일 동안 학교에 갔다. 4년 만에 가는 학교였지만, 등교 수업은 며칠 안 되니 대부분은 오전에 온라인 수업을 하고 오후는 자유롭게 시간을 보내는 편이다. 마치 홈스쿨링과 학교의 사이 어디쯤엔가 걸쳐 있는 상황 같다. 준규 입장에서는 기존의 홈스쿨링 일상에 학교생활을 위밍업하는 듯해 나쁘지 않아 보인다. 반대로 학교 때문에 힘들어하던 아이들, 학교를 거부하던 아이들은 과감한 용기나 결단을 내리지 않고도 홈스쿨링을 경험해볼 수 있게 되었다. 또한 당연한 듯 수동적으로 받아들이던 학교생활을 집에서 능동적으로 해보는 경험이 될 수도 있다.

시대가 학교의 경계도 바꿔놓은 상황은 어쩌면 다가올 미래의 교육 방향과도 맞닿아 있는지 모르겠다. 미래 사회가 지향하는 교육은 단순 암기 위주의 지식전달 수업보다는 로봇, 인공지능과 구별되는 인간만의 창의적이고 개성 있는 개개인을 길러내는 데 있다. 의욕만 있다면 클릭 한 번으로 지구 반대편의 대학 수업까지 무료로 들을 수 있는 시대다. 미처 파악하지도 못할 만큼 다양하고 질 좋은 수업 콘텐츠들이 넘쳐난다. 디지털 원주민 세대가 지적 호기심을 충족시킬 수 있는 배움의 영역은 상상 이상으로 넓고 깊다. 어쩌면 코로나19라는 변수는 개별 맞춤 교육으로의 전환점이 될 수도 있지 않을까 하는 생각도 든다. 경계를 구분하기보다 배움의 방식과 기회들이 더 다양해지고 인정받는 계기가 되길 기대해본다.

(vol. 130, 2020. 7-8)

학교를 '버린' 청소년의
10년 독립 프로젝트

학교를 버리다

저는 2012년 3월, 중학교 입학할 나이에 학교를 '버리고' 10년 프로젝트를 시작했어요. 학교를 '버렸다'고 표현하는 건 제게 학교가 필요치 않았다는 걸 강조하고 싶어서고, 굳이 '홈스쿨링'이라는 단어를 쓰지 않는 이유는 제겐 집이 학교가 아니라 세상이 학교거든요. 집에선 공부를 할 게 아니라 놀아야죠!

어떤 천재적인 재능을 발견하거나 다른 길에 대한 확신을 가

유진 _ 최종 학력 초졸. 현재 재능공유 플랫폼 '탈잉'에서 출판팀 리더로 일하고 있다. 이 글은 『민들레』 119호에 실렸던 독자 인터뷰를 수정 보완한 것이다.

지고 학교를 버린 건 아니었어요. 다만 '이건 아니다'라는 생각이 들었어요. 질문이 없는 교실, 계급이 나뉘는 학군… 나열하기 시작하면 끝이 없죠. 제가 학교를 버린 계기는 사건이나 상황이 아닌 '시간'에 있어요. 초등학교 졸업을 앞두고 진로를 고민하기 시작했거든요. 어떤 학교로 진학하느냐가 어떤 인생 코스를 달리느냐로 읽히는 사회니까요. 학교를 다니지 않는 방법도 있다는 걸 알려준 건 부모님이었어요. 만약 학교를 다닌다면 대학 입시를 목표로 공부하게 될 것이고, 학교를 다니지 않는다면 다른 길을 함께 찾아주겠다고 하셨죠.

저는 학교를 엄청 열심히 다니는 학생이었어요. 온갖 대회에 참가하고 학급위원도 맡았죠. 근데 이렇게 10년을 더 계속해야 한다고 생각하니까 끔찍하더라고요. 정해진 시간과 공간에 발군의 적응력을 발휘하고 싶지 않았어요. 그럼 평생을 그렇게 살게 될 것 같았거든요. 그래서 학교를 버리기로 했습니다.

부모님은 언제든 학교로 돌아가도 괜찮다고 말씀해주셨어요. 저는 고등학교 진학 타이밍, 대학 입시 타이밍, 재수 타이밍… 지금까지 정중하게 거절하고 있어요. 10년 프로젝트 초기에는 '특별한 부모님을 만난 행운아'라는 말이 정말 싫었어요. 자존심 상하고, 억울하고, 납득할 수 없었죠. 하지만 성인이 된 지금은 그 말도 옳다는 생각이 들어요. '너의 대학 등록금, 유학비, 결혼 자금을 네가 원하는 방식으로 네 인생에 오롯이 쏟을 수 있도록

내주는 것뿐'이라고 말해주는 부모님을 만나는 건 흔한 일이 아
니잖아요.

10년 독립 프로젝트

학교 안 가는 대신 일반적으로 대학 졸업 나이인 스물네 살에
독립하는 걸 목표로 '10년 프로젝트'를 계획했어요. 제가 말하
는 독립은 경제적인 독립, 직업적인 독립 그리고 관계적인 독립
이에요. 제일 먼저 보호자인 부모님으로부터 독립하는 것. 직업
이나 경제적인 면은 당연한 거고, 부모님을 중심으로 맺어진 혈
연이나 지연 관계 말고 제가 스스로 관계를 맺은 친구들로 새롭
게 인간관계가 구성되는 것 또한 중요한 '독립'이라고 생각해요.
10년 프로젝트는 의식주를 꾸리는 방법과 읽고 쓰고 말하는
방법을 공부하는 프로젝트예요. 영화, 음악, 사진, 그림 등 세상
을 읽고 쓰고 말하는 아주 다양한 방법 중에서 저는 책을 선택했
어요. 열일곱 살에 첫 책을 쓰고, 스무 살에는 출판사를 만들어
네 권의 책을 펴냈어요. 기획부터 원고 집필, 편집, 디자인, 홍보
까지 전부 스스로 했죠.
같은 원고를 너무 여러 번 교열해서 신물이 올라오고, 인쇄소
에 최종 파일을 넘기기 직전에 오류를 발견해서 밤을 새면서 수
정하거나, 표지 시안 중 최종안을 고르지 못해서 며칠을 고민하

고, 서점 매대에서 내가 쓴 책을 발견하고, 나를 궁금해하는 사람들과 인터뷰로 만나고, 내가 만든 책으로 돈을 벌고, 마감에 온 힘을 다한 뒤 후회 없이 늘어져서 잠을 자거나, 독자의 감동적인 서평을 보고 종일 입이 귀에 걸려서 누가 무슨 말을 하든 "예스!"를 외치던 모든 순간이 저에게는 소중한 추억이에요.

두 번째 책인 『책구경』(포럼, 2017)을 내기까지 '독서 프로젝트'는 항상 실패였어요. 독서는 실시간으로 결과를 낼 수 없기 때문에 내가 얼마나 성장했는지 확인할 수 없잖아요. 마음이 풍요로워진다는데 그건 잘 모르겠고(웃음), 글을 쓸 때야 비로소 '내가 이런 걸 알게 되었구나' 확인할 수 있었어요.

저는 읽기, 쓰기, 말하기의 페달을 어릴 때부터 늙을 때까지 계속 밟아야 한다고 생각해요. 사람들이 독서의 고통을 호소하는 동시에 잘 읽는 법, 잘 쓰는 법, 잘 말하는 법을 배우려고 안간힘을 쓰는 이유가 바로 페달을 밟을 기회를 얻지 못하기 때문이라고 봐요. 아이들은 아웃풋이 없어서 인풋이 고이고 곪고, 어른들은 인풋이 없어서 아웃풋이 공허하고 위태로운 게 아닐까요. 점점 자신만의 해석이 사라지고 정답을 찾게 되는 이유이기도 하고요.

10년 프로젝트의 큰 줄기 중 하나가 교육지 『민들레』 전권 읽기 프로젝트'였어요. 일단 학교를 나오긴 했지만 명확한 문제 의식을 가지고 있지 않던 제게 『민들레』를 창간호부터 읽어오신 부모님이 『민들레』를 읽어보는 게 어떻겠냐고 제안하셨죠. 열네 살 때, 당시 80호까지 나왔는데 세 달 만에 22호까지 읽었어요. 처음엔 위로를 받는 게 가장 컸어요. 학교를 이상하다고 생각하는 게 나뿐만이 아니라는 걸 알게 되었을 때 안도감이 들기도 하고, 나보다 더 뚜렷한 방향감각을 갖고 즐겁게 공부하는 사람들을 보며 자극도 받았죠.

처음엔 이해하기 힘들어 같이 읽어야 하는 책들도 많았고 사전을 찾아봐야 하는 단어도 너무 많았는데, 중반쯤 되니까 점점 쉬워지더라고요. 교육에 대해서도 많이 알게 되면서 제 주관을 갖게 되었던 거 같아요. 민들레의 관점과 제 관점의 차이도 발견하고 '대안교육이 뭘까? 결국에는 부모들의 자기만족일 뿐 아닌가?' 이런 비판적인 생각도 하면서 읽었어요. 약간 반항심 비슷한 것도 들었죠. '내가 교육에 대해 고민한다고, 『민들레』를 열심히 읽는다고, 『민들레』가 계속 나온다고 우리나라 교육이 바뀌나?' 이런 생각도 들었고요. 개인적으로도 스스로에 대한 점검이 필요하다고 생각하던 때라 더 그랬던 것 같아요.

학교 밖에서도 외롭지 않은 삶

사람들을 사귀는 것은 학교 밖에서도 충분히 가능한 일이에요. 서로 마음만 맞는다면 나이 차는 전혀 문제가 안 된다고 생각해요. 첫 인터뷰를 제안해준 기자님과 여전히 연락하며 내가 가고 있는 이 길이 맞는지 고민을 나누기도 하고, 인용하고 싶은 글의 작가님께 연락해서 조언을 구하기도 하고, 강연을 들어준 10대들과 SNS로 일상을 공유하기도 해요. 저에게는 독자들도 책으로 만난 좋은 사람들이죠. 책을 만드는 법을 주제로 클래스를 운영하며 다양한 직업군과 연령대의 수강생과 만나기도 했고요. 최근에는 회사 동료들과 함께 일하는 즐거움을 맛보고 있어요.

좀 더 과격하게 말하자면 저는 친구가 없어도 된다는 생각도 해요. '몇 년 동안 한 공간에서 시간을 보냈다고 해서 오늘 처음 만난 사람보다 더 깊은 관계라 할 수 있을까?' 이런 의문이 늘 있어요. 『아빠의 페미니즘』(책구경, 2018)이란 책에도 관계에 대한 내용을 썼어요. "평생을 바쳐 하객과 조문객을 긁어모으는 것에 불과한 관계를 맺을 바엔 차라리 사무치게 외로운 삶이 옳다." 이게 있는 그대로의 제 생각이에요. 친구에 대한 의문과 질문에 답을 얻을 수 없다면 그런 공허한 관계를 맺기보다 혼자인 것이 옳다고 생각해요.

혹시 인간관계를 고민하는 친구들이 있다면 학교보다 사회가 더 큰 세상이라는 걸 알려주고 싶어요. 공부만 하면 되는 시기는 생각보다 빨리 끝나요. 제도권에서 벗어난 공부를 했다는 이력에 대한 편견을 극복하는 것보다 스스로의 능력치를 빨리 높이고 싶은 조급함이 더 크게 다가오는 순간이 닥칠 거예요. 좀 다른 교육을 받았다는 것만으로 자기소개가 끝나는 것만큼 자존심 상하고 곤란한 일은 없거든요.

물론 저 또한 진지하게 사람과의 만남을 고민하며 접점을 만들기 위해 노력했어요. 출판에 도전했던 이유이기도 해요. 책은 혼자서 만들 수 없거든요. 다만 '관계' 그 자체에 매몰되지 않았으면 좋겠어요. 사람은 누구나 외로워요. 지금 외롭다면 그건 당신이 학교를 다니지 않아서가 아니라, 인생을 성실하게 살아가고 있어서 그렇다는 걸 말해주고 싶어요. 술집이 항상 북적이고 '팔로우'와 '좋아요'에 목숨 거는 사람들이 많은 건 '인싸'들이 많아서가 아니라 그만큼 외로움이 만연한 거죠.

10대 후반에 불안한 마음이 들지 않느냐는 질문을 받으면 저는 이렇게 답했어요. '한 3년 뒤, 그러니까 가까운 미래에 제 또래가 대학 졸업하고 사회에 진출하는 모습을 보면 불안할 수도 있을 것 같아요. 그런데 30년 후를 생각해보면 후회하지 않을 거라고 감히 확신해요. 인생 전체를 놓고 봤을 때, 그때그때 내가 원하는 선택을 하는 게 가장 후회하지 않는 길이라고 믿거든요.' 3년이 흘러 20대 초반이 된 지금, 저는 후회하지 않아요. 스스로를 믿기 때문이기도 하고, 열심히 일도 하고 있고요.

저는 올봄에 우연찮게 직장생활을 시작했어요. 취직할 생각이 없었기 때문에 이력서를 낸 것은 아니고, 스카우트 제의를 받고 인터뷰만으로 합류하게 되었어요. 제 영역에서 인정받으며 적게는 서너 살, 많게는 열대여섯 살 차이가 나는 동료들과 함께 일하고 있어요. 처음 인사할 때는 모두들 독특한 이력에 관심을 갖지만 함께 일하는 동료들도 저자들도 결국 제가 일하는 모습으로 저를 바라봐줘요. 어떤 교육을 받았는지 신경 쓰지 않죠. 어떤 말을 하고, 어떤 성과를 내는지 주목할 뿐이에요.

그러니까 우연한 기회가 왔을 때 망설이지 않을 수 있는 능력을 쌓아야 해요. 저는 검정고시도 치르지 않았기 때문에 최종 학력이 초졸이에요. 이력서에 쓸 게 없는 인생을 선택했다면 이력서가 필요 없는 사람으로 살면 된다고 생각해요. 내가 어떤 삶을 살아가는 사람인지, 어떤 지향점을 가지고 있는지가 훨씬 중요하지 않을까요.

다른 길을 택하는 이들에게

홈스쿨링이나 대안학교를 선택한 친구들을 만나면 '생각보다 자신의 성장이 굉장히 빠르다'는 이야기를 꼭 해주고 싶어요. 사실 10년 프로젝트 초기에는 아주 구체적이고 다양한 계획들을 세웠어요. 그런데 막상 해보니까 1년 계획이 한 달 만에 끝나기도 하고, 5년 치라고 생각했는데 2년 만에 다 끝나기도 하는 거예요. 아니면 계획이 어느 순간 더 이상 필요 없어지는 경우도 있고요. 작아진 옷을 계속 입고 있을 필요가 없다는 걸 빨리 알수록 편하다는 걸 다른 친구들에게도 말해주고 싶어요.

아이가 학교를 버린다는 선택을 했을 때 부모님들은 시간 관리에 대한 어려움을 많이 토로하세요. 아무것도 안 하고 게임만 하는 것 같고, 뭘 하고 싶어 하는지도 모르겠고, 시간 관리를 어떻게 해줘야 할지 모르겠다고 많이들 걱정하시는데, 저는 오히려 시간을 온전히 당사자에게 맡겨야 한다고 생각해요.

제가 기억하는 부모님의 명언이 있는데요. "애들은 놔두면 큰다"예요. 시간을 관리해주려고 하니까 관리가 안 되는 거 아닐까요. 가만히 놔두면 언젠가 이 아까운 시간이 그냥 흘러가버리고 있구나 하는 걸 깨닫게 돼요. 그 순간에 어른이 된다고 생각해요. 그때부터 자기 삶이 시작되거든요. 그 전에는 누구의 아이, 어딘가에 소속된 존재였다면, 내 시간이 아까운 줄 알게 되는 순간부터 자기 인생을 살게 되지 않을까요? 가만히 놔두면 가장 불안한 건 사실 당사자거든요. 시간 관리는 그때부터 당연히 잘할 수밖에 없고요.

저한테는 책을 만들고 글을 쓰면서 마감 시간을 지키는 게 시간 관리를 배우는 데 많은 도움이 됐어요. 원고 마감, 디자인 마감, 이런 게 정해지잖아요. 다른 매체에 "언제까지 글을 보내드리겠습니다" 하고서 안 지키면 신뢰를 잃게 되니까요. 마감 시간을 데드라인이라고 하잖아요. 못 지키면 죽는 거예요. 내가 죽진 않지만 그 글이 죽는 거죠. 그 시간이 죽는 거고.

학교를 그만두고 싶다는 친구들에게 아주 현실적이고 솔직한 이야기를 해줄 필요도 있다고 생각해요. 지지해주고 지원해줄 사람이 없다면 섣불리 학교를 버리고 나오는 건 굉장히 위험할 수 있다고요. 저는 운 좋게 학교를 안 가는 선택지도 있다는 걸 알려준 부모님이 계셨지만, 그렇지 않은 사람도 많고, 각자 최선을 다하는 방식도 다 다르니까요. 학교를 다니면서도 충분히 멋진 사람이 될 수 있다고 생각해요. 무조건 학교를 나오는 것만이 답은 아니니까요.

다른 길은 어느 한 사람으로 대표될 수 없기에, 저의 이야기 또한 절대적으로 받아들여지지 않길 바라요. 다만 도움이 되고 싶은 마음으로 좀 웃기는 소리 하나 할게요. '내가 사회에서 먹힌다. 좋은 세상이다'라고요. 자만은 금물입니다. 그렇지만 너무 겁먹지 마세요. 인생은 '별거'지만, 좀 다른 선택을 해도 '별일' 없습니다. 학교를 다니거나 말거나, 인생은 아주 길어요. '힘내'라고 말해주고 싶습니다. 이미 아플 정도로 고민했을 거라고 생각해서요. 늘 멋진 하루를 살길 바라요. 저도 그럴 테니까요!

(vol. 119, 2018. 9-10)

황매산 자락, 청년 농부 이야기

황매산 자락의 봄

이른 봄, 황매산 자락 산골 마을의 하루는 어느 때보다 바쁘게 흘러가고 있다. 내가 일어날 즈음 이미 밖에서는 동네 어르신들의 분주한 발걸음 소리가 들린다. 나도 아침잠이 많은 편은 아닌데, 이럴 땐 꼭 잠꾸러기가 된 기분이다. 동네 할머니, 할아버지는 새벽 4시면 하루를 시작하시니 부지런하기로는 따라갈 수가 없다. 지난겨울에 "이젠 힘들어서 밭도 못 부쳐먹겠다" 하시

김예슬 _ 초등학교 이후 홈스쿨링을 했다. 경남 합천 황매산 자락 산골 마을에서 농사 지으며 땅이 들려주는 이야기로 글을 쓴다.

던 어르신들이 봄이 오면 언제 그런 말을 했냐는 듯 밭에 나와 일을 하신다. 평생을 해오신 일이니 쉽게 그만두시기 어려울 것이다. 우리가 지금까지 그리고 앞으로도 배곯지 않고 살아갈 수 있는 까닭은 오랜 세월 동안 부지런히 농사를 지어오신 농부님들 덕분이다.

나는 스물한 살 때부터 이십대 후반이 된 지금까지 농사를 짓고 있다. 농부가 되고부터는 '봄' 하면 꽃보다 똥이 먼저 떠오른다. 그게 무슨 소리냐 할 수도 있겠지만, 봄이 되면 꽃보다 똥거름을 먼저 보는 것이 농부에게는 당연한 일이다. 강아지똥 이야기처럼 똥이 제 몸을 녹여 꽃을 피워내는 것이니 다 같은 봄이 아닐까? 나는 그렇게 7년째, 똥거름과 함께 봄을 맞으며 꽃이 피기를 기다린다.

여름에는 풀매기가 힘들고, 가을에 수확하는 일도 만만치 않지만 가장 힘을 많이 쓰는 계절은 봄이지 싶다. 거름 포대를 나르고, 거름을 가득 실은 수레를 밀고, 삽질, 괭이질하며 두둑을 뒤엎어야 한다. 옆 밭에서 농사짓는 동네 삼촌이 밭에 거름을 넣고 있는 나를 보시고 "20킬로 거름 포대도 번쩍번쩍 들어올리고, 농부 다 됐네" 하셨다. 처음엔 가득 찬 물뿌리개 하나도 무거워 비틀거렸는데 이제는 부쩍 힘이 늘었다. 땅에 대해 공부도 하고 농사일을 하면서 조금씩 농부다워지는 내가 좋다. 하루 종일 무거운 수레를 밀고 넓은 밭을 왔다갔다 하고 나면 힘이 쭉 빠진다. 몸은 힘든데 신기하게도 마음은 어느 때보다 맑다. 그렇게 일을 마치고 돌아와 씻고, 밥 한 숟갈을 입에 넣으면 그보다 더 행복한 순간이 없다.

자연스러운 길을 찾아서

초등학교 졸업 후부터 홈스쿨링을 했다. 6학년이 끝나갈 즈음, 부모님이 '홈스쿨링'이라는 길이 있다며 소개해주셨다. 홈스쿨링을 할지 말지를 선택하는 것은 내 몫이었다. 어린 나이였지만 내 삶에 대한 문제였기 때문에 꽤 심각하게 고민했던 기억이 난다. 6학년 여름방학 때 연습 삼아 홈스쿨링을 하는 것처럼 지내보기도 하고, 관련된 책을 읽기도 했다. 그래도 낯설기만 했던 홈스쿨링을 선택하게 된 이유는 내가 가장 믿고 의지하는 부모님이 제안해주신 길이었기 때문이다.

홈스쿨링을 시작하고 모든 일상이 바뀌었다. 처음에는 갑작스레 주어진 자유로운 시간들이 당황스럽기만 했다. 1교시, 2교시 정해진 시간표에 익숙했기에 시간을 어떻게 써야 할지 몰라 흐지부지 보내는 날이 많았다. 교복 입고 학교에 가는 또래 친구들을 창밖으로 보면 나만 다른 세상에 떨어진 것 같은 불안감이 들기도 했다. 그렇다고 부모님이 시간표를 짜주는 법도 없었다. 나중에 들은 이야기지만 내가 아무것도 하지 않던 그 시간들을 기다려주는 일이 부모님도 참 힘드셨다고 한다. 학교 잘 다니던 나에게 괜한 제안을 해서 내 삶을 망치는 것은 아닌가 싶었다고 하셨다.

부모님께서는 나에게 "너답게 살라"는 말을 가장 많이 해주셨다. 무얼 해야 할지 몰라 방황하던 때 '나답게 사는 게 뭘까?'라는 질문이 늘 내 안에 있었다. 그 질문을 놓치지 않고 한 걸음씩 길을 찾아왔다. 늘 더디게 가는 나에게 부모님은 나무 같은 존재였다. 내가 새로운 시도 앞에 용기 내지 못할 때, 새로운 만남 앞에 머뭇거릴 때, 부모님은 늘 내 뒤에서 기다려주셨다. 내 힘으로 첫걸음을 디딜 힘이 생길 때까지 말이다. 그렇게 나를 믿어주는 사람이 곁에 있다는 것만으로 큰 힘이 되었다. 덕분에 소심하고 겁 많던 내가 씩씩하게 새로운 도전을 하고, 나다운 삶을 찾아가고 있다.

홈스쿨링을 하면서 길을 헤매본 경험이, 아무것도 하지 않았던 그 틈이 내 삶에 얼마나 큰 힘이 되었는지 알게 됐다. 그 시간들이 있었기에 '나다운 삶'에 대해 충분히 생각할 수 있었다. 넘어지기도 하고, 가만히 넘어져 있기도 했던 그 모든 순간이 지금의 내 삶과 이어져 있다. 의미 없는 시간은 없었다.

긴 고민 끝에 나다운 길을 찾아 '농부'가 되었다. 처음에는 단순히 흙 만지고 땅을 일구며 자연에 있는 것이 좋았다. 하지만 농부로 살아갈수록 시골에는 땅과 토종 씨앗을 지키고, 어르신들의 지혜를 이어갈 젊은이가 필요하다는 사실을 알게 되었다. 시골에도 지켜야 할 것들이 많은데, 시골에서 자란 아이들조차 스무 살이 되면 당연하게 도시로 나가니 참 안타깝다. 그 친구들이 바라는 삶이 도시에 있었을까? 누가 정했는지 모를 '성공'이라는 기준 때문에 자기 뜻과 상관없이 자신이 태어나 자란 마을을 떠나야 하는 친구가 없었으면 좋겠다. 마을에서 함께 등 토닥이며 바라는 삶을 일구어갈 친구가 있다면 서로에게 큰 힘이 될 테니 말이다. 자연스럽게, 자기가 가진 모양을 잃지 않고 살아가는 사람이 늘어갈수록 세상도 한 걸음씩 바뀌어 갈 것이라 믿는다.

밭에서 일하다가 호미를 든 내 손을 보면서 괜스레 웃음이 날 때가 있다. 그럴 때면 내가 가야 할 길을 잘 가고 있다는 생각이 든다. 이따금 농부라는 자리가 무겁고 힘겹게 느껴지기도 하지만, 기꺼이 겪어내며 내가 선택한 길을 천천히 걸어가고 있다.

내 삶을 이끈 300일의 공감유랑

지금까지 내 삶의 방향을 바꾸었던 몇 가지 선택이 있었다. 홈스쿨링도 그랬고, 농부로 살겠다는 선택도 그랬다. 나에게 또 하나의 큰 선택을 꼽으라면 열여덟 살 때 떠났던 '공감유랑'이라는 긴 여행이 아닐까 싶다.

간디공동체에서 운영하던 홈스쿨링 네트워크 학교너머에서 청소년 열여덟 명과 길잡이 선생님 세 명이 함께 300일 동안 전국을 유랑했다. 후원을 받아 경매로 나온 경찰버스 한 대를 샀다. 함께 여행할 친구들과 차량 리모델링 작업을 했다. 사포로 밀어 경찰 마크를 벗겨내고 새로 페인트칠을 했다. 그렇게 경찰버스는 우리의 공감버스가 되었다. 오래된 버스라 좌석도 불편하고 에어컨도 제대로 나오지 않았지만 우리를 전국 곳곳으로 데려다주기에는 충분했다.

'자립'이라는 주제로 돌아다녔기 때문에 먹고 자는 것을 우리힘으로 해결해야 했다. 날마다 친구들과 잠잘 곳을 찾아다녔다. 처음엔 무작정 마을 이장님을 찾아가 우리가 어떤 여행을 다니는지 설명하고, 마을회관을 빌려달라고 부탁했다. 시간이 지날수록 말주변이 늘어 숙소 구하기도 한결 쉬워졌다. 한곳에 한 달 넘게 머물기도 하고, 날마다 다른 곳으로 옮겨 다니기도 했다. 고맙게도 우리에게 흔쾌히 잠자리를 내어주시는 분들이 많았다. 마을회관, 교회, 성당, 절, 교육관, 농부님의 집까지. 우리는 300일 동안 딱 한 번 바닷가에서 야영을 했을 뿐, 나머지 날들은 실내에서 따뜻하게 잠을 잘 수 있었다.

잠자리는 그렇게 해결했지만 식재료비와 버스 기름값이 필요했기 때문에 우리는 돈을 벌어야 했다. 그렇다 보니 공감유랑을 다니면서 새롭게 해본 일이 많다. 도시에서는 길거리 공연을 하고, 손재주 있는 친구들이 만든 소품들을 팔기도 했다. 지나가는 사람들에게 공감유랑을 소개하면서 기부도 받았다. 농촌에 가면 주로 농사일을 도왔다. 도시에서 살았던 나에게는 농부님과 함께 지내며 농사일을 해보는 것은 완전히 새로운 경험이었다.

늘 좋은 만남만 있었던 것은 아니다. 우리를 돈 벌러 다니는 일꾼쯤으로 대하는 분들도 있었고, 열심히 공부해야 할 나이에 무슨 여행을 다니느냐며 한심한 눈빛을 보내는 사람들도 있었다. 하지만 힘든 만남 속에서도 느끼고 배울 것은 충분했다. 노동은 힘들었지만, 고생스러움만을 남기진 않았다. 우리는 수많은 사람의 삶의 자리를 여행했고, 그 시간들을 다시 내 삶에 담았다. 여행하기 위해 일했다기보다, 노동 자체가 나에게 여행이 되었다. 공감유랑은 누군가의 삶을 잠시나마 함께 살아볼 수 있는 시간이었다. 삶을 통해 전해지는 것들에는 몇 마디 말보다 훨씬 더 진한 배움이 있었다. '공감버스'를 타고 전국을 떠돌았던 그 시간이 있었기에 나는 내가 바라는 삶이 무엇인지 알아챌 수 있었다.

이따금 나에게 "어떻게 농부가 되겠다는 마음을 먹었어요?" 하고 묻는 사람들이 있다. 처음에는 선뜻 대답하지 못했다. 내가 바라는 삶을 찾아가다 보니 나는 자연스럽게 농부가 되어 있었다. 질문을 받은 다음에야 '나는 언제부터 농부가 되고 싶었던 걸까' 생각해보았다. 여러 가지 영향이 있었겠지만, '농부로 살아도 좋겠다'는 마음이 들기 시작했던 건 공감유랑 때부터였구나 싶었다. 공감유랑은 땅이라는 큰 선생님을 나에게 소개해주었다. 흙을 만지며 일을 할수록 땅이 내게 들려줄 이야기가 궁금했다. 다른 사람의 삶을 체험하는 것에 그치는 것이 아니라, 내 삶에서 흙을 만지고 땅을 가꾸며 자연과 더불어 살아가는 사람이 되고 싶었다.

나는 어릴 때부터 글쓰기를 좋아했다. 장래희망이 뭐냐고 물으면 "시인이요" 하고 대답하던 아이였다. 누가 시키지 않아도 날마다 글을 썼다. 공감유랑을 마치고 여행하며 쓴 시들을 엮어 『오늘살이』라는 작은 시집을 엮기도 했다. 그렇게 시인이 되고 싶었던 꿈과 농부가 만나 '농부 시인'으로 살고 싶다는 바람을 갖게 되었다. 땅은 나에게 이야기를 들려준다. 내가 글을 쓰려고 애쓰지 않아도 글을 쓰고 싶게 만들고, 써야 하게 만든다.

농부가 되고 나서 그동안 보지 못했던 것을 보는 새로운 눈이 생겼다. 농사를 짓기 전에는 한 끼 밥상이 나에게 오기까지 얼마나 많은 사람의 땀과 노력이 깃드는지 깊이 생각해본 적이 없다. 그것이 부끄러운 일이라는 것을 농부가 되고서야 알았다. 이제는 내 곁에 있는 물건, 먹거리 하나하나를 볼 때마다 고마운 마음을 가지게 된다. 보이지 않는 곳에서 부지런히 정성을 다하는 사람들, 그들의 가려진 시간을 글을 통해 사람들에게 전하고 싶다. 함께 시 공부를 하고 있는 서정홍 시인은 일하는 사람이 글을 써야 세상이 아름다워진다고 하셨다. 내 글이 세상을 아름답게 하는 데 작은 보탬이 되었으면 한다.

스펙보다 추억을 쌓고 싶다

우리는 끝없이 경쟁해야만 하는 시대를 살아가고 있다. 잠시도 시간을 허투루 보낼 수 없는 청년들의 이야기를 들을 때면 안타까운 마음이 든다. 나도 같은 청년인데, 나와는 너무 다른 세상을 살아가고 있었다. 지금 내 또래 청년들에게는 더 치열한 '노오력'이 아니라 아무것도 하지 않을 기회가 필요하다. 나에게 주어졌던 '틈'처럼 말이다. 점점 행복한 청년들이 사라져가는 것은 자기다움을 포기하고 살아야 하는 현실 때문이 아닐까? 세상에 행복한 청년들이 많아졌으면 좋겠다. 자기다움을 잃지 않고 꿈꾸는 일이 인정받을 수 있으면 좋겠다.

그래서 우리 가족은 청년들을 위한 틈새 공간 만들기를 꿈꾸고 있다. 우리가 꿈꾸는 공간이 청년들에게 충분히 쉬어갈 수 있는 자리가 되면 좋겠다. 혼자라면 불안하고 힘들겠지만 여럿이 모인다면 조금 더 자유롭고 재미있는 상상을 할 수 있지 않을까? 그래서 요즘 나는 함께 삶을 나누며 살아갈 친구들을 기다리고 있다.

청년 공간을 만들기 위해 대단한 것을 준비하려는 것은 아니다. 그저 우리가 원할 때 모일 수 있는 공간만 있으면 충분하다고 생각한다. 그곳에서 함께 놀며 이야기 나누다가 우리 안에 스치는 생각을 포착하고, 그것을 시도해볼 수 있는 공간이 되었으면 좋겠다. 지금 청년에게는 어떤 틀이 정해진 공간보다 원하는 그림을 그려갈 수 있는 백지 같은 공간이 필요하다고 생각한다. 자연 곁에 모여서 각자가 바라는 삶을 이야기하고, 서로 다른 사람들이 어울려 재미난 작당을 펼쳐가고 싶다. 아직은 우리 가족끼리 나누는 꿈에 불과하지만 작은 시도와 만남이 아름다운 삶의 자리를 만들어갈 수 있을 것이라 믿는다.

나는 이력서에 쓸 스펙은 하나도 없지만, 추억을 쌓는 재주는 꽤 있는 편이다. 스펙보다는 추억을 쌓는 것이 나에게 더 어울린다. 그래서 오늘도 이웃들과 함께 소소하고 따뜻한 추억들을 쌓으며 살아가고 있다. 공감유랑의 추억이 내 삶에 든든한 기둥이 되고 있듯이 지금 만들어가고 있는 추억도 그러할 것이다. 밭에 나갈 때마다 "동지!" 하고 손 흔들어주는 농부님이 계신다. 나이와 상관없이 땅을 살리고 가꾸는 농부로서 우리는 동지다. 나도 언젠가 산골 마을에서 내 친구들에게 "동지!" 하고 부르며 손 흔들 그날이 오기를 기대한다.

(vol. 110, 2017. 3-4)

홈스쿨링에 관한 10문 10답

'하루는 일 년처럼 긴데 일 년은 하루처럼 짧다.'

아이들과 함께 홈스쿨링을 한 시간을 간단하게 정리해보라면 바로 이 말로 대신할 수 있을 것 같습니다. 홈스쿨링을 하면서 보낸 하루하루는 정말 길었습니다. 때로는 분노와 불신 때문이기도 했고, 때로는 지루함과 권태로움 때문이기도 했고, 또 때로는 기쁨과 감동 때문이기도 했지요. 홈스쿨링이라는 새로운 경험이 저희 가족에게 가져다준 감정의 격랑들을 골고루 맛보고 익숙해지는 데는 많은 시간이 필요했습니다. 그런데 지내고

이신영 _ 오돌, 똥몰이라는 별명으로 통하는 아이들과 6년 동안 홈스쿨링을 했다. 인문학과 치유적 글쓰기에 관심이 많다. 홈스쿨링 이야기를 모아 『오똥이네 홈스쿨링 이야기』라는 책을 펴냈다.

보니 순식간이었다는 생각이 듭니다. 홈스쿨링을 하면서 느낀 감정, 홈스쿨링이 가족들에게 가져온 변화… 이런 것들을 제대로 갈무리하기에는 턱없이 짧은 시간이었으니까요.

늦게나마 홈스쿨링에 대한 생각들을 정리해보려고 합니다. 홈스쿨링에 대해 궁금증을 갖고 있거나 홈스쿨링을 준비하고 있는 분들에게도 도움이 되었으면 좋겠습니다. 다만 이 글이 지극히 개인적이고 주관적인 관점에서 쓰여졌다는 사실을 염두에 두셔야겠습니다. 부모의 교육관이나 아이들의 성향 또는 연령, 홈스쿨링을 하게 된 동기, 홈스쿨링을 통해서 지향하는 것이 무엇인가에 따라 각 가정의 홈스쿨링 모습도 다양하게 나타나겠지요. 저희의 경험은 수백 가지 모습 중에 하나를 반영한 것일 뿐이랍니다.

1. 홈스쿨링을 하면서 힘든 점은 무엇이었는지요?

첫 번째로 힘들었던 것은 저희를 바라보는 주위 사람들의 시선이었습니다. 가까운 가족부터 학교 선생님, 이웃들에 이르기까지 저희를 이해하고 격려해주는 사람보다는 그렇지 않은 사람들이 훨씬 많았거든요. 특히 가족의 경우에는 걱정하는 마음이 훨씬 크기 때문에 감정적으로 대립하게 되는 경우도 있었지요. '남이 뭐라든 나만 중심을 잘 잡고 있으면 되지'라고 생각했지만 주위 사람들의 시선에서 완전히 자유로울 수는 없었습니다. 아이들은 훨씬 더 힘들어 했지요. "너, 왜 학교 안 갔니?"라는 질문을 받는 게 싫어서 낮에 외출하거나 낯선 사람 만나는 것을 한동안 꺼려했거든요. 심지어는 할머니 댁에 가는 것도 두려워했지요. 하지만 시간이 어느 정도 흐르면서 사람들의 시선에 구애받지 않게 되었습니다. 홈스쿨링의 좋은 점들을 실제로 체험하면서 생기는 자신감이랄까 믿음 같은 것이 저희를 여유롭게 만들었거든요.

두 번째로 힘들었던 것은 초기에 겪었던 감정적인 풍랑이지요. 막상 홈스쿨링을 시작하면 아이는 물론이고 부모도 불안하고 두렵습니다. 새로운 생활 방식, 주위 사람들의 시선, 불확실한 미래, 게다가 슬몃슬몃 고개를 쳐드는 선택에 대한 의구심… 뭐 이런 것들 때문이지요. 감정적인 혼란은 부모와 아이에게 다른 방식으로 나타나는데, 아이는 무기력함에 부모는 조급함에 빠지게 됩니다. 부모는 아이가 정신을 바짝 차리고 자기관리를 철저히 하기를 바라지요. 학교를 다닐 때보다 모든 면에서 더 잘하기를, 한 시간이라도 헛되이 쓰지 않기를 바랍니다. 반면에 아이는 몸도 마음도 축 늘어집니다. 학교 시간표의 통제를 받지 않는 삶, 자신에게 온전히 주어진 하루하루를 도대체 어떻게 살아야 하는지 막막하기 때문이지요.

따라서 아이에게 필요한 건 새로운 상황에 적응할 수 있는 시간입니다. 그런데 부모는 진득하게 기다리지 못하니 갈등이 빚어지고 충돌이 생길 수밖에 없지요. 그 와중에 상처를 입는 것은 물론 아이들입니다. 부모가 할 일은 무조건 기다려주는 것이지요. 그러면 아이는 스스로 툭툭 털고 일어납니다. 기적처럼 말이지요.

세 번째로 힘들었던 것은 게으름의 문제입니다. 감정적인 풍파도 이겨내고 홈스쿨링이 안정적으로 자리잡아가면 게으름이 슬슬 고개를 쳐들지요. 게으름은 홈스쿨링의 가장 큰 걸림돌일 수도 있다는 생각이 듭니다. 귀찮고 힘든 것은 모두 뒤로 미루고 쉽고 재미있는 것에만 몰두하게 될 수도 있고, 긴장감이 전혀 없는 생활 속에서 만사를 '될 대로 되라'는 식으로 생각하게 되기가 쉽거든요.

여유롭게 살면 좋지 뭘 그러냐고 하는 분들도 있겠지만 저는 여유로움과 나태는 구별되어야 한다고 생각합니다. 미래에 대한 비전을 갖고 목표를 세우고 그것을 이루기 위해서 노력하는 것은 값진 일이지요. 여유로움은 목표를 이루기까지의 과정 자체에 의미를 두는 것에서, 그리고 자신이 즐거울 수 있는 방향으로 그 과정들을 꾸려나가는 것에서 얻어지는 것이라고 생각합니다. 하지만 어른들도 죽을 때까지 씨름해야 할 게으름의 문제를 아이들이 극복한다는 건 쉬운 일이 아니지요. 극복한다기보다는 게으름과 잘 사귀도록 하는 것이 더 현명한 일인 듯 싶습니다. 때로는 알고도 져주는 친구 사이처럼 말입니다.

홈스쿨링을 시작하면 아이들은 거창한 일과표를 만들기 일쑤지요. 학교 시간표처럼 하루를 시간 단위, 분 단위로 나눠 해야 할 일들을 빡빡하고 촘촘하게 나열하는 그런 일과표 말입니다. 하지만 게을러지지 않으려고 만든 일과표가 오히려 아이들을 게으름 속에 빠뜨리는 역효과를 가져오지요. 그런 일과표들은 애초에 지키기가 불가능한 것들이기 때문입니다.

게으름과 친구가 되려면 아주 느슨한 시간표가 효과적입니다. 시간 단위가 아니라 하루, 또는 일주일, 한 달 단위로 계획을 세우는 거지요. 오늘 꼭 해야 할 일 한두 가지를 적어 놓는다든가, 일주일 동안 각 과목마다 공부할 분량을 정해둔다거나, 이번 달에 읽고 싶은 책 목록을 만든다거나, 이런 식으로 계획을 세우는 겁니다. 그렇게 하면 아이들이 여유를 만끽하면서도 흐트러지지 않는 생활을 할 수 있으리라 생각합니다. 일기 쓰기를 통해 아이들 스스로 자신들이 세운 계획의 진행 상황을 점검해볼 수 있게 한다면 금상첨화겠지요.

마지막으로 힘들었던 것은 다양한 프로그램이 부족하다는 것이었습니다. 이는 홈스쿨링에 대한 정보가 부족하다는 문제와도 관련이 있겠지요. 홈스쿨링 초기에 겪었던 학교와의 관계나 법적인 문제들에 대해서는 책이나 잡지를 통해 도움을 받았지만 본격적으로 홈스쿨링을 시작하면서 하루하루를 어떻게 꾸려나가야 할지, 어떻게 해야 아이들이 재미있고 보람 있는 시간을 보낼 수 있을지 막막하기만 했습니다. 주위에 같은 길을 가는 사람도 없고 문화적 기반이 취약한 지역에 살고 있다는 것도 약점으로 작용했지요. 시간이 지나면서 요령도 생기고 우리 가족의 정서에 맞는 프로그램도 갖출 수 있게 되었지만, 다른 홈스쿨링 가정이나 대안학교에서 하고 있는 프로그램을 공유할 수 있는 기회가 있으면 좋겠다는 생각이 들었습니다. 다양한 사람들을 만나고 함께할 수 있는 공동 프로그램에 대한 아쉬움도 있었구요.

홈스쿨링 합법화가 홈스쿨링을 하는 사람들에게는 오히려 올가미(?)가 될 수도 있다는 우려가 제기되는 상황이라 조심스럽기는 하지만, 저 개인적으로는 홈스쿨링이 합법화되어 시·도별로 자치단체에서 지원하는 홈스쿨링센터가 생겼으면 좋겠습니다. 홈스쿨링을 처음 시작하는 사람들에게 정보도 제공하고, 상담도 해주고, 공동 프로그램도 개발하고, 홈스쿨러들과 부모들의 모임 장소로도 이용할 수 있는 그런 곳 말입니다.

앞으로 어떤 식으로 법적인 문제가 해결될지 모르겠지만 지금 할 수 있는 일은 홈스쿨링 가정들이 적극적으로 나서서 서로를 돕는 것이겠지요. 그런 점에서 홈스쿨러들과 대안학교와의 연대, 홈스쿨러들끼리의 연대가 활발하게 생겨나고 다양한 활동을 벌이고 있는 것은 고무적인 일이라는 생각이 듭니다.

2. 아이들은 공부를 어떤 방식으로 했나요?

사실 아이들이 보고 듣고 만지는 모든 것이 공부지요. 하지만 여기서는 학과 공부에 국한해서 이야기하겠습니다. 홈스쿨링 초기에 아이들이 욕심을 잔뜩 부린 거창한 일과표를 만들었다는 얘기는 이미 했지요. 시간이 지나면 어떻게 계획을 세워 공부하는 것이 좋다는 것을 아이들 스스로 터득하게 됩니다. 저희 아이들은 정신이 맑은 오전 시간을 택해 하루에 두 과목씩 공부했습니다. 검정고시를 준비하는 동안에는 시험 과목들을 공부했고, 검정고시를 치른 뒤에는 아이들 스스로가 더 배우길 원하는 과목들을 택해 공부했지요.

처음에는 시간을 정해놓고 공부했는데 그렇게 하면 공부의 흐름이 끊어지기 쉽다는 것을 알게 되었습니다. 그래서 한 단원 또는 한 장, 이런 식으로 하루 분량을 정해놓고 공부를 했어요. 운이 좋아 짧은 단원을 만나는 날은 30분 만에 하루 공부가 끝나기도 하고 재수 없이(?) 긴 단원이 걸리면 두세 시간이 걸리기도 하지요. 전체적인 맥락을 유지할 수 있다는 점에서 분량을 정해놓고 공부하는 것이 효율적인 것 같습니다.

인터넷이나 교육방송 프로그램을 이용해 공부하는 아이들도 많은 것으로 알고 있는데 저희 아이들의 경우에는 별로 좋아하지 않았습니다. 주로 책과 교과서로 공부했지요. 서점에 가보면 교재로 사용할 만한 교과서나 참고서들이 여러 종류가 있습니다. 너무 많아서 오히려 선택하기가 곤란할 지경이지요. 홈스쿨링 초기에는 주로 제가 교재를 골라주곤 했는데, 같은 내용을 다루고 있다고 하더라도 어떤 식으로 편집했느냐에 따라 아이들의 호불호가 달라지더군요. 아이들 스스로 교재들을 비교해보게 하고 선택하도록 하는 것이 좋을 것 같습니다.

3. 사교육비가 많이 들지는 않나요?

홈스쿨링을 하면서 든 비용은 한 달에 40만 원 정도였습니다. 오돌이는 바이올린을 배웠고, 일본 문화에 관심이 많은 뚱몰은 일본어 학습지를 신청해서 봤지요. 그리고 둘이서 같이 검도를 배우고, 일주일에 한 번씩 화실에 다녔습니다. 아이들이 학교에 다닐 때는 사교육비가 거의 들지 않았기 때문에(초등학교 저학년 때 오돌이가 일 년 남짓 피아노 레슨을 받은 것과 오돌과 뚱몰이 같이 몇 달 동안 미술학원에 다녔던 것이 전부입니다) 처음에는 상당한 지출이라고 생각했지요. 하지만 아이를 학교에 보내고 있는 부모들이 과외비와 학원비에 들이는 돈에 비하면 기꺼이 감당할 만한 수준이라는 생각이 들었습니다. 돈의 많고 적음을 무시할 수는 없겠지만 더 중요한 것은 돈의 쓰임새겠지요. 아이들이 진짜 배우길 원했던 것들이고 또 열심히 했기 때문에 의미 있게 사용한다는 생각이 들었습니다. 만약 그 돈이 성적을 올려서 좋은 대학에 가는 데 사용됐다면 무지하게 아까웠겠지만 말입니다.

그래도 문제는 남는군요. 저희는 그런 대로 감당할 수 있었지만 사교육비 문제로 홈스쿨링을 주저하는 분들이 있을 수도 있기 때문입니다. 홈스쿨러들이 국가에서 학교에 다니는 아이들에게 지원하는 것만큼의 돈을 지원받을 수 있다면 좋겠지만 아직은 요원한 현실이니, 스스로 많은 돈을 들이지 않고도 해결할 수 있는 방법을 찾아야겠지요. 이미 실천하고 있는 분들이 있는 걸로 아는데 주위의 마음에 맞는 가정(아이들을 학교에 보내더라도 열린 마음을 가진 분들이 많습니다)과 연합하여 품앗이로 가르쳐주는 방법도 좋겠고요, 아이들이 어느 정도 자랐다면 스스로 돈을 벌게 하여 비용의 일부를 충당하게 하는 것도 고려해볼 만하다고 생각합니다.

4. 검정고시 준비는 어떻게 했나요?

검정고시 문제는 홈스쿨링을 하는 가정들이 한 번은 꼭 짚고 넘어가야 할 문제인 것 같습니다. 검정고시를 곧바로 보게 할 것인가, 대학에 가야 할 필요가 생겼을 때 보게 할 것인가, 아니면 학력을 인정받는다는 것에 아예 의미를 두지 않을 것인가를 선택해야 하니까요. 어떻게 하는 것이 더 이상적이고 바람직한지는 저도 모르겠습니다. 그저 각 가정의 현실과 아이들의 바람을 고려해서 결정을 내려야겠지요. 현실과 적당히 타협했다는 부담감이 만만치 않았지만 저희는 첫 번째 방법을 선택했습니다.

저희 아이들의 경우 오돌이는 5개월, 뚱몰은 3개월 정도 공부하고 고입 검정고시를 봤는데 별문제 없이 합격했습니다. 검정고시라는 것이 가장 기초적인 학력을 측정하는 것이기 때문에 문제가 아주 쉽고, 문제은행식 출제여서 전에 나왔던 문제들이 다시 나오는 경우가 많습니다. 따라서 교과서를 한두 번 꼼꼼히 읽고 기출 문제집을 반복해서 풀면 누구나 무리 없이 합격하리라고 생각합니다.

오돌이 경우에는 시간이 넉넉했기 때문에 영어와 국어를 제외한 나머지 교과서들을 두 번 정도 읽고 시험을 쳤습니다. 뚱몰이 경우에는 중학교를 한 달 반밖에 다니지 않았기 때문에 공부할 것이 많았지만 교과서를 모두 읽을 만한 시간이 없어서 먼저 기출문제를 풀게 했습니다. 그리고 점수가 잘 나오지 않는 취약한 과목(수학, 과학, 가정)을 집중적으로 공부했지요. 사회와 도덕은 특별히 공부하지 않았는데도 높은 점수를 얻곤 했는데, 평소에 신문을 많이 읽은 것이 도움이 된 것 같습니다. 두 아이 모두 영어는 영어 일기를 쓰는 것으로, 국어는 책을 읽는 것으로 공부를 대신했습니다.

아이들이 모르는 것들을 함께 공부하다 보니 저도 본의 아니게 고시 전문가가 되었는데, 시험 볼 때 제일 중요한 것은 문제를 잘 읽는 것입니다. 문제 속에 이미 답이 들어있는 경우가 많거든요. 적어도 두세 번 되풀이해서 찬찬히 문제를 읽으면 도움이 많이 될 거라고 생각합니다. 또 기출 문제를 푼 뒤에 틀린 문제들만을 따로 정리해두었다가 틈틈이 들여다보면 좋겠지요.

5. 학교와의 관계는 어떻게 풀었나요?

오돌은 의무교육 대상자가 아니기 때문에 자퇴를 했고, 뚱몰은 의무교육 대상자였기 때문에 취학의무 유예신청을 했습니다. 오돌이의 경우, 먼저 담임 교사를 만나 학교에 더 이상 다닐 뜻이 없음을 밝혔습니다. 담임 교사의 설득과 회유가 있었지만 아이는 물론이고 부모의 뜻이 확고하다는 것을 알고는 자퇴원을 내라고 하더군요. 그런데 교육청에 제출하는 자퇴원에 첨부하도록 되어 있는 학부모 의견서를 쓰는 과정에서 문제가 생겼습니다. 저희는 솔직하게 학교를 그만두게 된 이유를 썼는데 학교 측에서는 아이가 적응하지 못해 그만두면서 왜 학교에 잘못이 있는 것처럼 썼느냐고 이의를 제기하더군요. 저희가 쓴 의견서가 학교와 교사들의 사기를 떨어뜨리고 명예를 실추시킨다는 말도 했습니다. 학교 측에서는 다시 써달라고 하고, 저희는 솔직한 의견을 썼을 뿐인데 그럼 거짓말을 하라는 것이냐면서 다시 못 쓰겠다 하고…. 그 와중에 좋지 않은 감정이 섞인 이야기들이 오고 갔습니다. 결국 다시 쓰지는 않았지만 좋지 않은 모양새로 학교를 그만두게 되어 두고두고 마음에 걸리더군요. 참고로 오돌이의 자퇴원에 첨부했던 학부모 의견서를 덧붙입니다.

〈학부모 의견서〉

학교생활을 통하여 지식을 배우는 것은 2차적인 것이라고 생각됩니다. 제1의 목표는 학생과 교사, 학생과 학생의 만남을 통해 인격을 함양하는 것일 겁니다. 그런데 저희 아이가 이 학교로 전학온 지 5일 만에 지금의 학교생활을 계속한다는 것은 무엇하고도 바꿀 수 없는 아이의 자아에 너무 큰 상처를 입히게 될 뿐이라는 것을 알게 되었습니다. 학교 구성원과의 만남을 통해서는 비인격적인 관계만 유지되는 그런 학교생활은 더 이상 의미가 없다고 판단하여 저희 아이를 학교에서 나오게 하였습니다. 귀 중학교의 발전을 기원하며, 그동안 저희 아이를 맡아주셔서 감사합니다.

뚱돌이 때는 오돌이 때의 경험을 거울삼아 되도록이면 학교와 부드럽게 문제를 풀고자 노력했습니다. 담임 교사를 만나 부모의 입장으로서 아이를 계속 학교에 보내고 싶지만 아이가 학교 다니는 것을 너무 힘들어하기 때문에 잠시 학교를 벗어나게 해 생각할 시간을 주고 싶다는 식으로 이야기를 했지요. 담임 교사가 잘 이해해주어서 취학의무 유예신청서를 써내는 것으로 간단하게 끝이 났습니다. 신청서에도 학교의 문제를 지적하기보다는 아이가 힘들어한다는 것에 중점을 두어 썼지요. 취학의무 유예는 1년씩 가능하기 때문에 1년이 지나면 다시 연장하여야 하지만 뚱몰은 1년이 지나기 전에 검정고시에 합격했기 때문에 검정고시 합격증을 학교에 제출하는 것으로 학교와의 관계가 완전히 끝났습니다.

6. 아이들 사회성에 문제가 생기지는 않나요?

홈스쿨링을 하는 동안 제가 가장 많이 받은 질문은 집에서 공부하면 아이들 사회성에 문제가 생기지 않느냐는 것이었습니다. 결론부터 이야기하자면 전혀 문제없습니다.

사람들이 흔히 말하는 '사회성'에는 대개 두 가지 측면이 있습니다. 하나는 자기 또래의 아이들과 잘 어울리거나 적당히 남과 타협하는 것에 능한 것을 사회성이 좋다고 보는 것이고, 다른 하나는 치열한 경쟁을 견뎌내는 힘(또는 경쟁심)을 얼마나 가지고 있느냐를 놓고 개인의 사회성 정도를 가늠하는 것이지요. 하지만 저는 진정한 사회성이란 자기 자신과 바른 관계를 맺는 것에서 시작해서 다른 사람들과 인격적인 관계를 맺고 서로 소통할 수 있는 능력이라고 생각합니다. 사람뿐만 아니라 주위의 사물들, 더 나아가 자연과 소통할 수 있는 능력이기도 하지요. 그런 의미에서 본다면 세상에서 통용되는 '사회성'의 잣대는 아주 협소하거나 왜곡되어 있다고 볼 수 있습니다. 특히 '다른 사람들과 더불어 사는 능력'으로 포장되곤 하는 경쟁심은 가장 반사회적인 덕목이 아닐까요?

홈스쿨링을 하면 다양한 성향과 다양한 연령의 사람들을 만날 수 있을 뿐만 아니라 자기 자신은 물론이고 주변을 탐색할 시간과 기회가 많아집니다. 아이들은 그런 과정을 통해 사람이든, 사물이든, 자연이든 나와 다른 존재를 나와 똑같이 존중받아야 할 존재로 받아들이게 되지요. 저는 홈스쿨링이야말로 사회성을 발달시키기 좋은 교육 방법이라고 생각합니다.

7. 오뚱이네만의 프로그램이 있다면?

특별한 프로그램이 있었던 건 아닙니다. 다만 아이들이 학교를 다니는 동안에는 시간적으로 또는 심리적으로 여유가 없어서 하지 못했던 일들과 가족이 함께 할 수 있는 일들을 많이 하려고 했습니다. 기회가 되는대로 여행을 하고 이런저런 공연도 보러 다니고, 전시회장이나 미술관도 돌아다녔지요. 여행은 아이들로 하여금 세상 속에서의 자신의 존재를 깨닫게 해준다는 점에서, 다양한 문화 체험은 자신의 존재를 세상 속에 어떻게 자리매김할 것인가를 가늠하게 해준다는 점에서 좋은 공부라고 생각합니다. 하지만 굳이 돈과 시간을 들여 먼 곳으로 떠날 필요는 없겠지요. 아이들이 일상에서, 주변의 작은 것들에서 소중함과 경이로움을 느낄 수 있는 프로그램이 있다면 그보다 더 좋은 것은 없을 겁니다. 중요한 것은 세상의 일들은 모두 연결되어 있다는 것, 나와 무관해 보이는 세상사가 결국엔 나의 일이라는 것을 깨닫는 것이겠지요.

저희 식구들이 함께 한 일들로는 저녁 운동과 자기 전에 돌아가면서 영어 성경 읽기, 주말에 영화 보기 같은 것이 있습니다. 별 부담 없이 할 수 있는 일들이기에 오히려 꾸준히 할 수 있지 않았나 하는 생각이 듭니다. 앞으로 기회가 된다면 저마다 관심 있는 분야(뚱몰은 영화, 오돌은 고고학, 저는 여성학, 오돌 아빠는 과학)의 쉬운 이론서나 자료들을 같이 읽고 토론하는 시간을 가져보려고 합니다.

그밖의 것으로 오돌이는 도서관에서 봉사 활동(책 좋아하는 아이들에게는 더할 수 없이 좋은 봉사 활동이지요)을 했고, 오돌과 뚱몰이 함께 동네 초등학생들과 영어동화 읽는 활동을 했습니다. 오돌이 대표교사고 뚱몰은 분위기 띄우는 역할을 하는 새끼선생(?)이었는데 자신들의 모토, '즐겁고 재미있는 공부'를 실현하기 위해 무진 애를 썼습니다. 반응도 좋았고 그 일로 약간의 용돈도 벌었지요.

홈스쿨링을 하는 동안 가장 미흡했다고 생각되는 부분은 노작교육입니다. 음식 만들기라든지 옷 만들기, 공예나 목공 또는 텃밭 가꾸기 같이 사람이 살아가는 데 꼭 필요한 의식주를 자기 손으로 해결할 수 있는 능력을 키우는 교육 말입니다. 몸과 마음의 균형을 이루고, 자연과 교감하고, 세상의 경제논리에 휘둘리지 않을 수 있는 밑바탕이 되는 이런 교육이야말로 다른 어떤 것보다 중요한 일이라는 생각이 드는군요. 다시 홈스쿨링을 하게 되면 이 부분을 한번 열심히 해보려고 합니다.

시간이 지나면 힘들고 괴로웠던 일들은 쉬 잊히고 즐거웠던 기억들만 남는 게 세상사지요. 홈스쿨링도 예외는 아니라서 이야기를 쭉 풀어놓고 보니 홈스쿨링에 대해 좋은 말만 썼다는 생각이 드는군요. 하지만 저는 홈스쿨링이 누구에게나 최선의 교육 방법이라고 생각하지는 않습니다. 단지 저희 아이들에게는 최적의 교육 방법이 아니었나 하고 생각합니다(시간이 지나면서 최적의 교육 방법을 넘어서 저희 가족에게 최적의 삶의 양태였다는 생각이 들기도 합니다. 시간이 좀 더 지나면 최적의 조건이 최선이 될 수도 있겠지요). 중요한 것은 '학교교육이 최선이다' 또는 '홈스쿨링이 최선이다'는 틀에 우리 자신을 가두지 말고 늘 가능성을 열어두는 것이겠지요. '어떻게 하는 것이 아이들에게 가장 좋은 길일까'라는 의문을 늘 품고 산다면 언젠가는 각자에게 맞는 최선의 방법을 찾을 수 있으리라고 생각합니다.

8. 미래에 대한 불안은 없었나요?

학교에 보내건 보내지 않건 자식의 미래가 탄탄하기를 바라는 것은 부모로서 당연한 일일 겁니다(무엇이 탄탄한 미래인가에 대한 생각은 저마다 다르겠지만). 그런데 아이들이 잘되기를 바라는 것과 불안을 느끼는 것은 조금 다른 이야기라는 생각이 드는군요. 불안의 끈을 가만히 잡아당겨보면 그 끝에는 흔히 '신뢰의 부재不在'가 도사리고 있기 때문입니다. 부모가 아이를 믿지 못하기 때문에 불안한 것일 수도 있다는 이야기지요.

재미있는 것은 아이는 부모가 앞날을 불안해하는 것만큼 불안감을 느끼지 않는다는 겁니다. 아이가 상대적으로 불안감을 덜 느끼는 것은 부모를 그만큼 믿기 때문에 가능한 일이라는 생각이 듭니다. 홈스쿨링은 스스로 선택했지만 부모가 자신의 선택을 지지해주고 끝까지 자기편이 되어줄 것이라는 믿음 말입니다. 그렇다면 부모가 불안감을 느끼는 것은 결국 아이를 믿지 못해서가 아니라 자신을 믿지 못해서일 수도 있다는 이야기가 되겠지요. 자신을 믿는 것보다 학교를 믿는 것이, 관습을 믿는 것이 더 편하고 쉬운 세상살이에 쫓겨 우리는 어느새 옳고 그른 것에 대한 본능적인 직관을 잃어버렸다는 생각이 듭니다.

저는 홈스쿨링이 아이를 위한 교육 방법의 하나라고만 생각했습니다. 하지만 홈스쿨링을 하면서 저를 위한 교육일 수도 있다는 생각을 했지요. 아이를 믿고, 내일을 불안해하지 않고 오늘에 충실할 수 있는 힘은 제 자신에 대한 믿음을 회복하는 것에서 비롯된다는 걸 알게 되었으니까요. 아이가 어느 자리에 있건 간에 부모가 스스로를 신뢰할 수 있다면 아이의 미래를 불안해할 필요도 없을 겁니다.

9. 부모가 자녀를 가르치는 일이 어렵지 않았나요?

사회성의 문제 다음으로 많은 분들이 궁금해하는 부분인 것 같습니다. 홈스쿨링 초기에는 저도 아이들을 가르치려고 했습니다. 제대로 이해도 못하고 대충 넘어가는 것이 아닌가 싶어 아이 혼자 공부하는 것이 불안했기 때문이지요(특히 뚱몰의 경우에). 그래서 아이를 옆에 앉혀놓고 야단도 치고, 협박도 하고, 적당히 회유도 해가면서 공부를 시켰습니다. 학교 선생님처럼요. 그런데 제가 가르칠 때마다 아이도, 저도 서로 감정이 상한 채로 공부가 끝나기 일쑤였습니다.

여러 가지 이유가 있겠지만 저는 아이와 저 사이에 지식을 매개로 한 권력관계가 작동한 것이 주원인이 아닐까라는 생각을 했습니다. 아이가 원하는 것은 단지 엄마의 의견을 듣는 것인데, 저는 '나는 너보다 훨씬 더 많은 지식과 경험을 가지고 있다. 그러니 너는 내가 가르치는 것을 그대로 받아들여라. 그리고 한 치의 의심도 갖지 말고 믿어라' 하고 윽박질렀으니까요. 아이는 마음속으로 그것을 거부했고, 아이의 거부감은 배움에 대한 호기심의 문을 닫는 것으로 나타났습니다.

그런 상태가 되면 아이는 가령 '1 더하기 1' 같은 간단한 문제도 이해하지 못하게 됩니다. 엄마는 "어떻게 이걸 모를 수가 있니?" 하고 점점 더 화를 내고, 아이는 주눅이 들어서 더 헤매고…. 몇 번의 악순환 끝에 저는 홈스쿨링이 가정을 학교로 삼아 부모가 교사 노릇을 대신하는 것이 아니라는 것을 깨달았습니다. 가정이 학교라는 틀로 변하고 부모가 선생님 역할을 하는 순간, 우리가 그토록 치를 떨었던(?) 학교의 온갖 모순과 억압과 불합리가 가정 안에서 그대로 살아난다는 것을 알게 되었거든요. 그 뒤로는 죽이 되든, 밥이 되든 아이 혼자 공부하도록 내버려두었습니다. 대신 잘 모르는 부분이 있으면 엄마의 도움을 구하기로 약속했지요. 그런데 거의 물으러 오지 않더군요. 악몽(?)이 되풀이될까 봐 두려웠던 모양입니다. '분명히 모르는 게 있을 텐데…' 걱정이 되긴 했지만 편하게 마음먹기로 했습니다. '아직 때가 되지 않아 저러는 거겠지. 때가 되면 다 이해할 거야' 하면서요.

홈스쿨링을 하는 동안 학과 공부에 관해서는 제가 아이들에게 도움이 됐겠지만 그 밖의 다른 부분들에서는 제가 오히려 아이들에게서 많은 것을 배웠습니다. 아이들에게서 가르침을 받은 셈이지요. 아이들과 친밀해지면서 저와 남편의 인간관계, 사회적인 처신, 경제 상태 같은 것들을 아이들도 알게 되었는데, 저희 부부에게 문제가 생겼을 때는 아이들의 충고가 큰 도움이 되었습니다. 아이들은 부모와는 달리 순수하고, 기본에 충실하고, 공평한 시선으로 세상을 봤습니다. 부끄럽지만 그것이 더 옳다는 걸 인정해야 했지요.

홈스쿨링을 할 때 가족 구성원들의 학력이나 성, 연령은 중요하지 않습니다. 누구나 가르칠 수 있고 누구나 배울 수 있기 때문입니다. 그저 자기가 가진 것을 같이 나누려는 마음이 중요할 뿐이지요. 이제 저는 '가르친다'는 말을 '함께 나눈다'는 말로 대신하고 싶습니다. 가르침은 '일방적인 강제'일 수 있지만 나눔은 '자발적이고 쌍방적인 의사 교환'이기 때문입니다.

10. 홈스쿨링의 좋은 점을 꼽는다면 어떤 것이 있을까요?

여러 가지가 있습니다. 홈스쿨링을 하면서 자신과 세상에 대해 생각할 수 있는 시간을 가지게 된 아이들은 정신적으로 부쩍 성숙해지지요. 부모는 기다릴 줄 아는 지혜를 배우게 되고요. 가족 구성원 전체의 성격이 너그러워지고 부드러워지는 것도 놀랄 만한 변화입니다. 공부 면에서 보자면 홈스쿨링이 학교 공부보다 훨씬 효율적일 뿐만 아니라 배움에 대한 성취감이나 만족감이 높습니다. 아이들이 배우고 싶어 하고 관심이 있는 분야를 선택해서 공부할 수 있기 때문에 아이들 스스로도 공부에 더 열심이지요. 학교에서 다루지 않는 것들도 배울 수 있고, 다양한 독서와 체험학습이 가능하며, 원하는 대로 스케줄을 짤 수 있는 것도 홈스쿨링의 장점이 아닌가 합니다. '학교'라는 이름으로 강요되었던 것들—시험, 성적, 규칙 같은—에서 아이들이 해방되고, '학교'라는 이름으로 아이들에게서 앗아갔던 각자의 개성과 재능과 권리를 아이들이 다시 향유하고, 그리고 경쟁하지 않고도 사는 법을 모색해볼 기회를 가질 수 있다는 것도 홈스쿨링의 좋은 점일 것입니다.

제 개인적으로 가장 좋았던 것은 홈스쿨링을 하면서 가족의 유대감이 돈독해졌다는 것입니다. 같이 붙어 있는 시간이 많으니 자연히 서로에 대해서 감춰두었던 비밀을 물론이고 평소에는 몰랐던 더러운(?) 성질까지 속속들이 잘 알게 되고, 서로의 본전이 다 밝혀지고 나니 잘나면 잘난 대로 못나면 못난 대로 자신을 편안하게 보여줄 수 있게 되고…. 그 과정에서 부족한 점이 너무나도 많은 인간들이지만 밑바탕에는 옳은 것과 옳지 않은 것을 구분하려고 애쓰고 최소한 옳다고 생각하는 쪽으로 시선을 돌리고자 하는 마음이 깔려 있다는 것을 서로가 알게 되면서 신뢰감 같은 것이 생기더군요. 볼 장 다 본(?) 사람들끼리만 가질 수 있는 동지의식, 또는 희망일 수도 있겠지요. 여하튼 그런 마음들이 저희 가족을 끈끈하게 만들어주었습니다. 아이들이 즐겨 부르는 대로 '믿음 공동체Circle of Trust'가 된 것이지요.

어쩌면 인생에서 가장 민감할 시기라 할 수 있는 사춘기의 두 딸과 맺은 친밀감과 경험의 공유는 저와 아이들이 평생 동안 좋은 관계를 유지할 수 있는 바탕이 되리라고 생각합니다. 또한 아이들이 가족 아닌 사람들과 진실한 관계를 맺을 수 있는 디딤돌이 되겠지요. 그런 의미에서 홈스쿨링을 하게 된 것은 저희에게는 큰 행운이었다고 생각합니다.

(vol. 35, 2004. 9-10)

2부
홈스쿨링의 빛과 그림자

홈스쿨링의 현황과 전망

홈스쿨링의 유형

'홈스쿨링'이란 용어는 학교에서 수업을 하듯이 부모들이 집에서 자기 아이들을 스스로 가르치는 교육 형태를 연상시킨다. '가정의 학교화'라는 느낌이 불편한 이들은 '홈에듀케이션home education' 또는 '언스쿨링unschooling'이란 표현을 쓰기도 한다. 우리말로 옮길 때 초창기에는 '가정학교' 또는 '재택교육'이라 옮기기도 했지만 어색한 느낌이 들어 그런지 현재는 거의 '홈스쿨

현병호 _ 『민들레』 발행인. 지은 책으로는 『스스로 서서 서로를 살리는 교육』 『반지성주의보』가 있고, 『재난의 시대, 교육의 방향을 다시 묻다』 외 여러 권을 함께 썼다. 옮긴 책으로는 『소통하는 신체』(공역) 등이 있다.

링'이란 용어가 쓰이고 있다.

일찍부터 홈스쿨링을 시작한 춘천의 초록손이네는 홈스쿨링 유형을 동기의 관점에서 크게 4가지로 나누기도 한다.[1] ① 주류 지향적인 엘리트 교육, ② 자연친화적인 반문화적 교육, ③ (주로 개신교 기독교인들의) 신앙에 기초한 교육, ④ 자신의 교육적 신념에 기초한 개별 교육. 어느 유형이든 부모의 신념에 따라 적극적으로 홈스쿨링을 선택한다는 점에서는 비슷하다고 볼 수 있다. 여기에 빠진 주요한 유형은 자발적인 동기가 아니라 질병이나 왕따 같은 문제로 어쩔 수 없이 홈스쿨링을 하게 된 경우다. 실제로 홈스쿨링을 하며 가장 어려움을 겪는 이들이다.

하지만 아직은 홈스쿨링을 특별한 아이들이 하는 걸로 보는 것이 사회 일반의 시각이다. 언론에서 주로 그런 가정들을 소개한 탓이기도 할 것이다. 홈스쿨링을 해서 대학에 조기입학을 했다거나 특별한 재능이 있는 사례들이 부각되면서 영재교육의 한 방편으로 비치기도 했다. 그러나 실제로 홈스쿨링을 하는 아이들은 대부분 보통 아이들이다. 학교의 억압적인 환경을 견디지 못하거나 부모가 공교육에 대한 문제의식이 뚜렷해서 아이를 학교에 보내지 않는 것이다.

표준화된 학교교육은 아이들 한 명 한 명을 배려할 수 없는

---

1 https://blog.naver.com/kohhh12

한계를 갖고 있다. 홈스쿨링은 부모가 자신의 자녀에게 맞춤형 교육환경과 교육과정을 마련해주려는 노력이기도 하다. 어떤 면에서 홈스쿨링은 부모가 국가에 대항하여 권력 행사를 하는 것으로 볼 수도 있다. 학교를 통해 자녀의 아동기를 지배하는 국가 권력에 맞서 아이들의 아동기를 지켜주려는 선한 권력의지에서 홈스쿨링을 선택하는 부모들이 있는가 하면, 다른 한편에는 자녀의 장래를 기획하며 촘촘한 스케줄을 들이미는 방식으로 권력을 행사하는 부모들도 있다. 두 유형의 부모 모두 자녀의 장래를 위하는 마음에서 적극적인 친권 행사를 하는 셈이다.

세계의 홈스쿨링 흐름

홈스쿨링은 사실상 새로운 교육 방식이 아니다. 인류 역사상 가정이란 것이 생겨난 이래 어떤 사회에서나 이루어지던 교육 방식이라고 할 수 있다. 수천 년 동안 가정과 지역사회가 맡고 있던 역할을 근대 학교제도가 생겨나면서 학교가 떠안았던 것을 다시금 가정이 되찾아가는 움직임으로도 볼 수 있다. 이러한 변화의 배경에는 종교적 요인과 교육적 요인이 복합적으로 작용하고 있다.

근대 학교교육이 시작된 뒤에도 미국의 아미시 공동체를 비롯해 다양한 종교 공동체들은 집 또는 공동체가 운영하는 교육기관에서 아이들을 교육해왔다. 의무교육을 의무취학으로 규정하는 나라들에서도 종교 공동체의 특성을 인정해 이들의 교육 방식을 문제 삼지는 않았다. 그러나 개인 차원에서 자녀를 학교에 보내지 않는 사람들이 생겨나면서 국가주도의 근대교육 체제와 부모의 교육권을 둘러싼 마찰이 일어나기 시작했다.

1979년 미국에서 존 싱거라는 모르몬교도가 아이들을 학교에 보내지 않고 6년째 집에서 가르치다 의무교육법 위반으로 체포하러 온 경찰관이 쏜 총에 사망하는 사건이 일어났다. 이후 의무교육에 대한 논란이 일기 시작하여 오늘날 미국의 모든 주에서 홈스쿨링을 법으로 인정하기에 이르렀다. 오늘날에는 이른바 선진국 가운데 독일과 일본만이 아직도 의무취학 규정을 두고 있다.[2]

학교 폭력, 마약과 총기 사건이 빈발하면서 1980년대 이후 미국에서는 빠른 속도로 홈스쿨링 인구가 늘어나기 시작했다. 대학 진학과 철자법 전국대회에서 홈스쿨링 출신 아이들이 뛰어난 성적을 거두면서 하버드를 비롯한 유수의 대학에서도 홈스쿨링 출신 학생을 적극 받아들이기에 이르렀다. 150~200만 명 가까운 아이들이 홈스쿨링을 하고 있는 것으로 추산되는 미국에서는 현재 모든 주가 홈스쿨링을 법적으로 인정하고 지원할 뿐

---

2 일본은 부등교 아이들의 수가 한 해 12만 명을 넘어서고 있지만 아직 의무교육 위반으로 부모가 고발된 사례는 없다.

더러(주정부에 따라 학력 검정제도나 관리 감독 방식은 조금씩 다르다), 연방정부가 홈스쿨링국립연구소를 두고 국가 차원에서도 지원하고 있다.

오늘날 미국의 홈스쿨링은 기독교 홈스쿨링 단체가 주도하는 형국이다. 보수적인 기독교계는 기독교를 국가종교로 인식하는 만큼, 기독교 홈스쿨링 또한 국가주도 교육을 부정하는 것은 아니다. 교회(성직자), 국가(교육자), 가정(부모)이 합심하여 하나님의 의를 구현해야 한다고 믿는 이들의 관점에서 볼 때, 탈종교적이고 보편교육을 지향하는 공교육은 미진한 데가 많을 수밖에 없을 것이다. 더욱이 학교가 아이들의 안전을 보장해주지도 못하고 마약과 폭력의 온상이 되고 있는 상황에서 많은 독실한 기독교인 부모들은 홈스쿨링을 대안이라 여긴다.

미국에서 홈스쿨링운동이 활발한 데는 기독교의 영향도 크지만, 땅이 넓고 인구가 분산되어 있는 데다 개인의 인권과 자유권을 국가보다 우선시하는 문화가 기여한 바도 적지 않을 것이다(총기 난사 사건이 빈발하지만 총기 규제가 안 되는 이유 또한 여기 있을 것이다). 그에 비해 개인과 공동체의 균형을 추구하는 경향이 강한 유럽 사회의 경우 상대적으로 홈스쿨링이 미국보다 활발하지 않은 편이다. 그중에서도 국가주의 경향이 두드러진 독일의 경우 아직도 홈스쿨링을 불법으로 간주하고 있는데, 최근 유럽인권재판소가 홈스쿨링 관련해서 독일 정부 편을 든 것도 이와

무관하지 않을 것이다.[3]

일본의 경우 1980년대 들어 부등교 아이들이 급격히 늘어나면서 부모 모임이 생겨나 수천 가정이 네트워크를 이루고 있다. 일본의 교육부(문부성)도 부등교를 병리적 현상으로 보던 입장을 공식적으로 바꾸었다. 하지만 부등교생이 곧 홈스쿨러는 아니다. 프리스쿨을 다니기도 하고, 부모와 자녀의 관계가 원만하지 않은 경우 히키코모리 상태가 되기도 한다.

홈스쿨링 가정의 스펙트럼은 학교 스펙트럼보다 그 폭이 훨씬 넓어 극좌와 극우를 포괄한다. 홈스쿨링이 교육의 다양성을 살리는 데 일조하기도 하지만, 자칫 또 다른 경직화를 불러올 수 있음을 경계할 필요가 있다. 조기교육에 열을 올리는 부모가 자신의 욕망을 아이에게 투영해서 아이를 자기 뜻대로 키우고자 홈스쿨링을 선택하는 경우 학교보다 더 많은 억압과 통제가 가해질 수도 있기 때문이다.

홈스쿨링이 과연 새로운 교육문화를 만들어내고 사회를 건강하게 만드는 방향으로 작용할지 권위적이고 반지성적인 이데올로기를 강화하는 쪽으로 작용할지 아직은 알 수 없는 일이다. 미국의 홈스쿨링운동을 이끈 존 홀트가 아직 살아 있다면 진

---

3 2019년 1월 10일 유럽인권재판소는 아동의 사회적 고립을 막기 위해 한 홈스쿨링 가정으로부터 아이들을 격리시킨 독일 정부의 조치에 대해 부모의 친권을 침해한 것이 아니라고 판결했다.

화론을 부정하고 순종을 강조하는 보수적인 기독교계가 중심이
된 지금의 미국 홈스쿨링 상황에 대해 우려하지 않을까? 어쩌면
후대의 역사가들은 홈스쿨링운동이 미국 사회의 퇴행에 기여했
다고 평가할지도 모를 일이다.

한국의 홈스쿨링 현황

한국 사회에서 홈스쿨링 인구가 얼마나 되는지 추산하기는
어렵다. 청소년들의 경우는 대개 학교 밖의 다른 네트워크와 연
결되어 있거나 학원을 다니기 때문에 홈스쿨링을 한다고 말하
지 않는 경우가 많다. 오래 전부터 종교적인 이유로 홈스쿨링을
하는 경우4를 포함한다면 몇 천 가정이 될 수도 있지만, 최근 들
어 교육적 신념으로 홈스쿨링을 택한 경우만 계산한다면 몇 백
가정을 넘지 않을 것이다(매체에 따라 수백 가정에서 수천 가정까지
추정 범위가 애매하다). 2천년대 들어 홈스쿨링을 선택하는 가정들

4　십계석국총회라는 기독교 단체 소속 돌나라한농복구회 회원들은 1970년대부터 유기
농 농사를 지으면서 아이들을 학교에 보내지 않고 홈스쿨링을 하거나 마을공동체에서
교육을 해왔다. 지금도 울진과 상주, 전주 등지에서 따로 마을을 이루고 살면서 홈스쿨링
을 하거나, 중·고등학생들 경우에는 그 단체에서 운영하는 한농예능학교라는 각종학교
에 보내기도 한다.
그동안 몇 차례 언론을 통해 이 단체의 실체가 폭로된(대구 KBS 〈현장보고〉 '긴급점검
한농복구회 실체' 1994년 11월 17일, SBS 〈그것이 알고 싶다〉 '탐욕인가 희생인가, 창기십
자가의 비밀' 2012년 12월 8일), 이후 신도들이 브라질로 집단 이주하는 과정에서 벌어진
인권침해 실태가 jtbc 뉴스룸에서 보도되기도 했다.

의 경우 기독교 배경을 갖고 있는 가정이 많긴 하지만, 종교적 이유보다는 학교교육에 대한 문제의식에서 비롯되는 경향이 더 강한 편이다.

한국 사회에 교육적 관점에서 홈스쿨링이 주목받기 시작한 것은 1999년 1월 격월간 『민들레』 창간부터였다고 볼 수 있다. '학교 안 다니면 안 되는가'라는 창간호 특집 기사를 보고 1999년 2월에 열일곱 가정이 처음 모였다. 당시 홈스쿨링 가정으로 언론에 소개된 가정은 손에 꼽을 정도로 홈스쿨링이 거의 알려져 있지 않아, 많은 이들이 학교를 안 다닐 수도 있다는 사실을 안 것만으로도 숨통이 트인다고 말했다.

첫 모임 때 '가정학교모임'이라는 단체를 만들어 활발하게 활동하다 회원들 간의 입장 차이가 불거지면서 2년쯤 뒤 해체되기에 이르렀다. 2005년에는 교사 출신의 한 홈스쿨러 엄마의 주도로 새로운 모임이 하나 꾸려졌다. '세상을 학교 삼는 아이들의 부모 모임'이라는 이름으로 서울 경기권 홈스쿨러들이 주로 모였는데, 몇 차례 모임 후 더 이상 지속되지 못했다. 그 후 귀농 귀촌 홈스쿨러 부모들을 중심으로 '홈스쿨링가정연대'가 꾸려져 모임이 이어지다 현재 오프라인 활동은 축소되고, 온라인 카페에 간간이 지역모임 정보가 올라오고 있다. 과천, 대구 등 지역별로 몇몇 가정이 독자적으로 꾸리는 작은 모임도 있다.

부모들이 중심이 된 홈스쿨링 모임의 경우, 아이가 학교를 안 다닌다는 공통분모로 모이기는 하지만 그 만남이 지속되지 못하는 상황이 반복되고 있다. 학교를 나오게 된 사정도, 부모의 교육관도, 가정 형편도 다 다른 사람들이 함께 뭔가를 도모한다는 것이 결코 쉬운 일이 아닌 것이다. 아이들 학령기가 지나면 부모들의 관심이 줄어드는 것도 한 이유다.

한편 2003년 기독교홈스쿨연맹[5]이 결성되면서 기독교 홈스쿨링운동이 본격화되었다. 일반 홈스쿨러들의 경우 10인10색이어서 조직화되기가 어려운 데 반해, 기독교 홈스쿨러들은 '신앙'이라는 큰 공통분모가 하나 더 있어 결속력과 지속성을 유지하기에 유리한 입장이다. 또한 단순히 가정들의 연합체가 아니라 운동의 구심점 역할을 하는 협회가 다양한 방식으로 개별 가정을 지원하는 것이 일반 홈스쿨링과 다른 점이다.

한국기독교홈스쿨협회는 미국의 기독교 홈스쿨링 단체와도 활발히 교류하고 있다. 기독교 홈스쿨링이 확산되는 데는 탁월한 조직력뿐만 아니라 체계적인 교재도 한몫하고 있다. 미국에서 전문적으로 홈스쿨링 교재를 연구하고 펴내는 곳들은 주로 보수적인 기독교 계통의 대학 출판부인데, DVD 교재까지 만들고 있다. 한국기독홈스쿨협회는 이러한 교재들을 적극적으로 들여와 보급하고 있기도 하다. 이질적인 문화나 사람들에게 훨

---

5 2006년 '한국기독교홈스쿨협회'로 재창립하면서 법인 인가를 받았다.

씬 더 배타적인 한국 사회에서, 종교적 편견이 강한 기독교인들이 이러한 미국의 기독교 홈스쿨링을 답습할 경우 아이들에게 바람직하지 않은 교육환경이 만들어질 수 있다. 가부장 문화가 뿌리 깊은 사회에서는 가정이 학교보다 더 권위적이고 닫힌 공간이 될 수도 있다.

한편 홈스쿨링 가정들의 모임과 별도로 2005년에는 간디공동체가 만든 '학교너머'라는 홈스쿨링 지원 단체가 꾸려져 약 5년 동안 캠프와 여행을 중심으로 활동하다 현재는 활동이 중단된 상태다. 최근 활발히 활동하는 '홈스쿨링생활백서'라는 독특한 이름의 단체는 홈스쿨러 출신의 청년이 학교 밖에서 길을 찾는 청소년들을 돕기 위해 만든 정보 공유 플랫폼이자 커뮤니티 단체다. 일종의 당사자 운동인 셈이다. 초등 홈스쿨링의 경우 부모들이 주도해 진행되는 데 비해 10대 홈스쿨링은 자발적인 선택에 의해 이루어지는 경우가 더 많기 때문일 것이다. 정기적으로 '자퇴설명회'를 열어 자퇴하는 방법, 검정고시 등 실용적인 정보를 제공하고, 비슷한 처지의 청소년들끼리 커뮤니티 활동을 할 수 있게 돕는다.

비기독교 홈스쿨링의 당면 과제는 개별 가정의 힘만으로는 해결하기 어려운 문제들을 풀어갈 수 있는 공적인 구심점을 만드는 일일 것이다. 여러 가지 이유로 홈스쿨링이라는 좁은 길에 들어선 부모들을 지원하는 사회적 장치가 절실한 시점이다.

홈스쿨링과 의무교육

현재 초중등교육법상으로 의무교육은 곧 의무취학으로 규정되어 있다(초중등교육법 제13조). 이 때문에 홈스쿨러 부모들이나 비인가 학교에 아이를 보내고 있는 부모들은 실제로는 더 좋은 교육을 위해 노력하는데도 범법자로 몰리는 경우가 적지 않다. 2002년부터는 중학교까지 의무교육이 되었는데, 의무교육 대상자는 자퇴를 할 수 없어 무단결석하는 수밖에 없는 실정이다. 홈스쿨링을 하고자 아이를 아예 초등학교에 입학시키지 않는 부모들의 경우 의무취학을 규정하고 있는 현행법 때문에 취학유예 신청을 하고 있다.

현재 초등학교를 그만둔 아이들의 경우에도 서류상으로는 여전히 학생이다. 의무교육에 해당하는 기간에는 자퇴 개념이 있을 수 없기 때문이라고 한다. 실제로 홈스쿨링을 하는 경우 '질병 등 부득이한 사유로 취학이 불가능한 의무교육 대상자에 대하여 취학 의무를 면제하거나 유예할 수 있다'는 초중등교육법 제14조 조항에 따라 해당 학교장에 전문가 소견서를 제출하고 서류상으로만 학생으로 남는 방법을 택하고 있다.[6]

---

6 초등학교나 중학교에 적을 두고 3개월 이상 결석할 경우 정원 외 관리대상이 되면서 검정고시를 볼 수 있는 자격이 생긴다(초중등교육법 시행령 29조). 2002년부터 초등과정에도 유급제도가 생겼는데, 현재까지 유급 처리된 사례는 없는 것으로 보인다.

현행법상 부모가 의무취학을 위반할 경우 100만 원 이하의 과태료 처분을 받게 되어 있다. 과태료는 사법처분이 아닌 행정처분이므로 그다지 큰 구속력을 갖는 것은 아니지만 이런 법규 때문에 홈스쿨링을 망설이는 부모들이 적지 않은 실정이다. 초중등교육법은 취학유예나 면제 신청을 할 수 있는 요건으로 '질병 기타 부득이한 사유'를 들고 있는데, 현재 비인가 학교를 다니거나 홈스쿨링을 선택하는 부모들의 경우 '기타 부득이한 사유'를 교육권의 관점으로 해석해, 아이가 일반 학교교육을 원치 않기 때문에 '부득이하게' 다른 교육 방식을 택할 수밖에 없음을 법적으로 인정해줄 것을 요구하고 있다.

홈스쿨링 가정 가운데는 헌법소원까지 생각하는 부모들도 있다. 문제는 헌법소원을 하자면 행정소송을 먼저 거쳐야 하는데, 아직 의무취학에 관한 법조항 위반으로 과태료 처분을 받은 사례가 없기 때문에 소송을 걸고 싶어도 걸 수 없는 상황이다. 하지만 최근 홈스쿨링 부모가 아동복지법 위반으로 실형을 선고받은 사례가 생기면서 많은 부모들이 긴장하고 있다.[7]

---

7 2019년 8월 8일, 인천지법 형사항소 3부는 세 남매를 10년간 학교에 보내지 않고 집에 방치한 혐의로 기소된 A씨에게 아동복지법상 아동유기·방임 혐의로 징역 2년을 선고한 원심을 파기하고 징역 8개월을 선고했다. 또 대전지법은 2019년 4월 18일, 딸이 열두 살이 되도록 학교에 보내지 않은 B씨에게 징역 4개월에 집행유예 2년을 선고했다. B씨가 딸을 학대하거나 의도적으로 방치한 정황이 없고 딸에게 직접 국어와 수학 등을 가르쳤음에도 아동복지법 위반 혐의를 유죄로 인정했다.

의무교육제도가 우리보다 더 철저한 서구의 대부분 국가들도 홈스쿨링을 법적으로 인정하고 있다. 의무교육이 곧 의무취학은 아니라고 보는 것이다. 소학교와 중학교의 의무취학을 법으로 규정하고 있는 일본의 경우도 1990년대 이후 부등교 아이들이나 비인가 프리스쿨을 다니는 아이들이 급증하면서 갈등은 있었지만 법적 제재를 받은 사례는 없었다. 최근에는 도쿄슈레 같은 비인가 프리스쿨을 다녀도 출석으로 인정하는 식으로 의무교육과 대안교육의 긴장 관계를 풀고 있다. 태국도 이 점에서는 비슷하다. 현재 50여 홈스쿨링 가정이 대안학교인 무반덱 학교와 관계를 맺고 그 학교의 졸업장을 받는 것으로 학력인정 문제를 풀고 있다.

영국 교육법(36조)에는 "의무취학 연령의 아이를 둔 부모는 아이를 학교에 정기적으로 출석시키거나 아니면 '또 다른 방법으로(otherwise)' 아이의 적성과 능력에 맞는 전일제 교육을 할 의무가 있다"고 규정하고 있는데, 여기에 명시된 '또 다른 방법으로'에 착안한 부모들이 홈스쿨링의 합법성을 주장하여 새로운 길을 열었다. 1976년에 열 가정이 모여 만든 단체 '에듀케이션 아더와이즈Education Otherwise'에는 현재 수천 가정이 회원으로 등록되어 있다. 법규의 낱말 하나가 얼마나 큰 영향을 미칠 수 있는지 새삼 깨닫게 된다.

사실 우리 교육법상 초중등 아이들이 해외유학을 가는 것도 위법이지만 묵인되고 있다. 해외유학은 눈감아주면서 이 땅을 떠나지 않고 어떻게든 길을 찾아보려는 이들을 범법자로 모는 것은 형평성에서도 어긋난다. 사실 일반학교 교사들을 비롯해 교육부 관료에 이르기까지 제도교육 관계자들 가운데도 대안학교나 홈스쿨링에 대해 긍정적으로 보는 이들이 많다. 최근 대안학교 관련 법이 국회를 통과하면서 홈스쿨링의 제도화에 대한 논의도 시작되고 있다.

홈스쿨링과 아동복지

지난 몇 년 사이 연달아 불거진 아동학대 사건의 가해 부모들이 홈스쿨링을 핑계로 자녀를 학교에 보내지 않아 논란이 되었다. 2012년 11월에 숨진 최모 군(당시 8세)은 2016년 1월에야 주검으로 발견됐다. 최 군의 부모는 홈스쿨링을 한다고 했지만, 아버지는 폭행을 일삼았고 친모는 이를 알고도 방치했다. 홈스쿨링 가정에 대한 관리 감독이 이뤄졌다면 이런 일은 막을 수 있었을 것이다.

2015년 12월 인천에서 집에 갇힌 채 굶주림과 폭행에 시달리다 맨발로 탈출해 사람들을 놀라게 한 '16kg 소녀'의 부모 역시 홈스쿨링을 한다고 둘러댔었다. 이처럼 장기결석 상태에 있는 초등 아이의 학대 사건이 이어지자 2016년 정부에서 장기결석 아동에 대한 실태조사에 나서면서 홈스쿨링 가정들과 비인가 대안학교에 아이를 보내는 많은 가정들이 관계기관의 방문 조사 또는 전화를 받았다.

장기결석 아동을 둘러싼 논란은 교육 문제가 아닌 아동인권 문제에서 촉발된 것이다. 홈스쿨링 가정의 경우 대부분 학교에 홈스쿨링 의사를 밝히고 정원 외 관리 대상으로 관리되고 있지만, 학교의 관리 방식이 사실상 방치 상태에 가깝다 보니 아동학대 가정과 구별이 힘든 실정이다. 홈스쿨링의 제도화가 필요한 까닭이다.

아동복지법은 부모 등 보호자가 아이의 교육을 소홀히 하는 행위를 '교육적 방임'으로 규정해 무겁게 처벌하도록 규정하고 있다. 그러나 법적 기준이 명확하지 않다 보니 방임 여부를 판단하기가 쉽지 않다. 어렸을 때는 충분히 놀아야 한다는 교육관을 가진 부모가 아이를 마음껏 놀게 하는 것도 방임으로 비칠 수 있기 때문이다. 서머힐에서는 열두 살에 알파벳을 익혀서 문학박사가 된 사례도 있는 만큼, 방임과 자유로운 교육의 경계를 구분하기란 쉽지 않다.

홈스쿨링을 제도적으로 인정하면 오히려 무책임한 보호자가 아동을 방치하는 부작용도 있을 수 있다고 우려하는 이들이 있지만, 그것은 제도적인 보완책을 마련하면 어렵지 않게 해결할 수 있다. 아동학대를 방지하면서 홈스쿨링을 원하는 가정이 아이들에게 양질의 교육을 할 수 있게 배려하는 것이 우리 교육의 전반적인 질 향상에 도움이 될 것이다. 공교육이 개선되더라도 학교 시스템과 맞지 않은 아이들은 있기 마련이고, 이들에게는 다른 길을 선택할 수 있는 길을 열어줄 필요가 있다. 건강한 홈스쿨링운동은 공교육의 변화와 사회의 민주화에도 바람직한 영향을 줄 수 있을 것이다.

(vol. 129, 2019. 9-10)

홈스쿨링과 오만함

나는 가끔씩 걸려오는 전화가 부끄럽다. 홈스쿨링 선발대라는 이야기를 어디선가 듣고 조언을 얻고 싶어 하는 부모님들의 전화다. 그럴 때면 나는 먼저 부끄럽고, 다음엔 걱정이 된다. '내가 뭘 드릴 수 있을까' 하고.

내 아이는 홈스쿨링을 하고 있다. 그렇지만 이 사회 교육의 근간은 공교육이고, 공교육이 '정상화'되어야 더 나은 사회를 만들 수 있다는 생각에는 언제나 흔들림이 없다. 홈스쿨링은 단지 다양한 교육의 한 줄기를 차지하는 소수 집단일 뿐, 공교육보다

서경희 _ 대구에서 인문학 카페 '미네르바의 부엉이'를 운영하고 있다. 이 글은 경북 영천에서 농사를 지으며 두 딸과 함께 홈스쿨링을 할 당시에 쓴 글이다.

더 낫다 못하다 비교할 건 아니라는 생각이다. 더 멀게는 언제까지나 소수 집단으로 남지 않을까 싶다.

나는 공교육을 포기하면서 무척이나 부끄러웠고 스스로 못난이 같았다. 내 아이들에게는 홈스쿨링이라는 낯선 방법 말고 달리 길을 찾지 못했다는 사실이 부끄러웠고, 학교에서 내 아이만 쏙 빼온 것 같아 아이의 친구들에게도 미안했다. 자꾸만 맘이 무거웠다. 나름대로 배울 만큼 배웠다는 사람이 함께 힘을 모아 이끌어가야 할 공교육을 모른 체하고 내 아이만 품는 교육을 선택한 것 같았다.

내가 꿈꾸던 부모상이 이렇지는 않았다. 단 1퍼센트의 변화라도 공교육을 변화시키려는 의욕과 용기와 열정으로 참여하는 부모, 그것이 내가 생각한 학부모상이었다. 나는 지금도 공교육 안에서 '참교육'을 위해 힘쓰는 몇 안 되는 선생님과 학부모들이 존경스럽고, 부럽다.

무엇을 선택하느냐!

홈스쿨링은 내게 차선이었고, 큰딸 수민이에게는 큰 기회이자 복이었다. 공교육에서라면 할 수 없는 것들을 보완하면서 공부할 수 있고, 또 다른 도전이 가능하기 때문이다. 수민이가 이점에서 감사할 줄 알았으면 한다. 홈스쿨링을 하는 전국의 몇 안 되는 가족들을 만나봤고 많은 이야기들을 나눠봤지만 이들은 정말 축복받은 사람들이구나, 선택받은 가족들이구나 하는 걸 느낀다. 이건 솔직한 심정이다.

적극적으로 홈스쿨링을 선택한 가정의 경우 학교에 의지하지 않아도 부모가 충분히 가르칠 수 있고, 아이가 성장할 때까지 지켜볼 여유마저 있다. 그러다 보니 아이들도 자신만만해 보인다. 학교에 다니지 않아서 의기소침하다든가, 맘 한구석에 구김이 있어 보이지 않는다. '할 수 없다'가 아니라 '하지 않는다'이기 때문인 것 같다. 그들에게는.

따라서 나의 견해는, 홈스쿨러라 불리는 아이들의 입장에서는 그렇게 할 수 있는 환경에 감사할 줄 알아야 하고, 아울러 공교육에 남아 있는 친구들과 비교해서 우월감을 가져서는 안 될 일이라고 생각한다. 홈스쿨링을 하는 아이들이라면 가장 조심해야 할 부분이고, 동시에 깊이 생각해봐야 할 일이다.

그러나 실제로는 묘한 우월감 같은 것이 은연중에 뿜어 나오는 것 같다. 내가 만난 홈스쿨러 중 다수는 이런 생각을 하고 있는 것 같았다. '학교 다니는 애들은 불쌍해. 하루 종일 공부에 시달리고, 그 중요한 청소년기에 하고 싶은 걸 해볼 여유도 없고, 학원까지 다니면서 밤늦도록 공부해야 하고, 왜 그래야 하지? 우리는 놀면서 공부하고 행복한 청소년기를 보내고 있는데…. 우리는 참 특별해!'

그러나 한국 사회에서 홈스쿨링은 누구나 선뜻 택할 수 있는 그런 대안이 아니다. 우선 부모들이 열려 있지 않으면 안 된다. 부모들이 대안교육이나 홈스쿨링에 대해 알아보고 관심 가질 여유가 있어야 한다. 특별히 경제적 여유가 있어야 하는 건 아니지만 적어도 안정된 경제력 정도는 있어야 불안하지 않은 건 분명하다(이 점에서 우리 가족은 예외다. 특히 수민이와 둘째 민정이에게 내가 감사해야 할 부분이다. 모두 수민이가 어느 정도 감당하고 극복해주었으니까).

실제로 공교육에는 그 체제가 맞지 않아 자기 능력을 발휘 못하는 아이들이 있다. 좀 더 자유로운 교육을 받는다면 몇 배의 능력을 보일 수 있는 아이들, 문제가 있어서가 아니라 단순히 성향의 '다름' 때문에 자기를 꽃피우지 못하는 아이들이 있다. 그럼에도 불구하고 홈스쿨링을 하고 싶어도 못하는 경우가 더 많다. 학교만이 유일한 배움터이고, 부모가 생계를 꾸려나가는 것만으로도 지치고 버거운 그런 가정도 많다. 그러나 분명한 건 그들도 우리 이웃이고 우리 아이와 함께 살아가게 될 친구이자 이웃이라는 사실이다.

홈스쿨링을 택하고 안 택하고는 자유다. 사회에는 다수와 다른 길을 가는 소수 집단도 필요하고 소수가 무시되어서 안 된다는 점도 분명하다. 그렇지만 교육 문제만큼은 서로가 자극제가 되어야 하고 관심을 끊어서도 안 된다고 생각한다. 내 아이를 스스로 교육할 수 있는 환경에 만족할 것이 아니라 우리, 아니 나는 홈스쿨링 부모이지만 공교육의 올바른 변화를 위해 함께 힘을 합쳐야 한다고 생각한다. 다시 한 번 되새기지만 홈스쿨링을 하든 공교육을 하든 저 경계 밖 '타인'의 아이들도 같은 시대 같은 공간에서 함께 살아가야 할 아이들의 친구이기 때문이다.

이 생각은 지극히 개인적인 것이지만 그래도 나는 이렇게 생각한다. 시골 마을에 살면서 너무나 적나라하게 드러나는 농촌 실정에 마음이 무겁기 때문이기도 할 것이다. 늘 맘 한구석에는 우리 아이들의 학교 친구들이 떠나지 않는다. 딸랑 10명 남짓한 한 학년에 엄마가 어디론가 가버린 아이, 아빠가 없는 아이, 아빠 엄마 모두 없는 아이, 할머니랑 사는 아이가 너무 많다. 그들의 유일한 희망은 공교육이 그들에게 제대로 된 교육을 제공해주는 것이다. 오늘 수민이와 얘기를 해봐야겠다. 우리 가족이 혹여 자만하지 않았는지에 대해.

누가 선택하느냐!

참 어려운 문제이고 겉보기와는 다른 문제이다. 우리 집의 경우 대안교육에 관심이 있었던 것은 사실이나, 공교육에 대해서도 어느 정도 책임감을 가지고 있었기에 홈스쿨링을 꼭 해야겠다고 목표 삼은 기억은 없다.

홈스쿨링을 하면서 세미나나 심포지엄에서 여러 부모들을 만났는데, 놀라운 사실을 하나 발견했다. 초등 저학년 아이를 둔 많은 부모들이 홈스쿨링에 관심이 있었고, 이미 홈스쿨링을 하고 있는 분들도 많았다. 홈스쿨링이 하나의 과정이 아니라, 홈스쿨링 자체가 목표가 되어버린 경우도 있었다. 대부분의 부모들이 엘리트이고 중산층 이상이었다. 아예 유치원부터 홈스쿨링 했다고 이야기하는 분도 있다. 유치원 과정에서 홈스쿨링을 한다는 건 무슨 의미일까? 그런 말이 성립되기나 하는 걸까?

안타까운 건 공교육에서 많은 역할을 할 수 있는 훌륭한 부모들이 공교육을 겪어보기도 전에 더 나은 교육의 한 방편으로 홈스쿨링을 택한다는 것이다. 이 점에서 나 역시 떳떳하지 못한 마음을 가슴 한켠에 갖고 있다. 공교육을 함께 변화시키는 데 최선의 노력을 해야 할 사람이 이렇게 내 아이만을 끌어안고 있다는 점에서.

그러나 홈스쿨링이라는 개인의 선택에 비난의 화살을 돌려서도 안 되고 비난의 화살을 받을 이유도 없다는 생각도 함께 자리한다. 다만 초등 저학년의 홈스쿨링은 온전히 부모의 선택이고 결정이 아닐까 하는 생각에 걱정스럽다. 중학교에 와서야 홈스쿨링을 시작한 수민이도 '과연 아이 본인의 선택일까' 하는 의문이 생긴다. 겉으로 드러나는 것과는 달리, 수민이도 나 같은 부모가 있었기 때문에 그런 결정을 했던 것은 아닐까? 또한 은

연중에 홈스쿨링의 가능성을 보여주며, 이게 너에게 더욱 좋은 교육의 방법일지 모른다고 긴 세월 동안 알게 모르게 세뇌시켜 온 건 아닐까?

수민이가 홈스쿨링을 시작할 당시 나이가 열다섯이었다. 그 나이에 아주 소수가 걷는 길을 가겠다고 결정할 수 있을 만큼 성숙했을까? 수민이의 경우 절반은 본인의 결정이었지만 나머지 절반은 내가 은근슬쩍 아이를 밀어온 힘인 것 같다. 마지막 결정권은 아이에게 주었지만, 그건 자기 선택에 대한 책임감을 심어주기 위해 마치 본인이 마지막으로 선택하고 결정하는 것처럼 보이게 했을 뿐이다. 한편으로는 부모인 내 나름의 선택이고 결정이라고 마음을 다잡고 있었던 것이다.

홈스쿨링이란 청소년기에도 이토록 결정하기 힘든 선택인데 초등학생의 경우는 어떨까. 아무리 부모님이 있다 해도 본인이 스스로 선택했다고 믿기에는 무리가 있다. 홈스쿨링을 하고 말고는 지극히 개인적인 선택에 달린 문제라고 생각하지만, 안타까운 건 있다. 우리 사회에서 그나마 많은 일을 할 수 있는 분들이 공교육을 시작하기도 전에, 혹은 그곳에서 뭔가 애써보기도 전에 홈스쿨링을 선택하는 것이 못내 겁이 난다. 다른 사람도 아니고 홈스쿨링을 하고 있는 내가 이런 생각을 한다는 게 얼마나 우습고 가증스러운지 잘 안다. 그런데도 자꾸만 뒤통수가 당기는 건 분명하다.

둘째 민정이는 내년에 중학교에 간다. 엄청 고민하고 있다. 가능하다면 공교육 속에서 자랐으면 한다. 그곳에는 민정이가 보아온 불우한 친구도 있을 테고, 다양한 배경의 아이들도 만날 수 있을 테니까. 그런데 수민이는 공교육에서도 무난하게 잘 성장할 수 있는 그런 성격인데 반해서, 민정이는 오히려 공교육체제가 힘들 것 같아 고민이다.

민정이는 이 시골 학교에서 유치원부터 초등 6년을 다 다녔다. 그러다 보니 학교가 공부하는 곳이라는 사실조차 모르는 것 같다. 그저 학교는 친구들이랑 신나게 노는 곳이고, 선생님은 업히라고 등도 내밀어주고, 농담 따먹기도 하는 친구 같은 분인 줄 안다. 교무실에서 선생님과 함께 놀면서 책 읽기도 한다. 행복한 어린 시절을 위해, 초등에서부터 나름 작은 학교를 찾아 자유롭게 어린 시절을 보낼 수 있도록 했다. 어쩌면 홈스쿨링보다 더 좋은 환경이었을 수도 있다. 그런 아이가 조금은 엄격한 중학교 공교육을 어떻게 받아들일까 궁금하면서 한편 걱정스럽기도 하다. 개성이 강한 민정이에게 중학교에 가면 전혀 다르다는 말을 해줬더니 이런다.

"엄마, 나는 작은 학교에 보내줘."

그러면서 있지도 않은 영천대학에 가겠단다. 어쩌다 나는 이런 딜레마를 안게 되었을까.

(vol. 43, 2006. 1-2)

홈스쿨링을 파는 사람들

10여 년 전만 해도 홈스쿨링은 제도교육에 대한 대안이었습니다. 12년 동안 아이들의 목을 조이는 제도교육에 대한 도전이었고, 한 살부터 열아홉 살까지 아이들을 옭아매는 사교육에 대한 반기였지요. 하지만 이제 홈스쿨링은 사교육의 새로운 트렌드가 되어버린 것 같습니다. 홈스쿨링이란 것이 결국은 이렇게 흘러갈 것이라고 예상하지 못한 바는 아니었지만 어느 날 문득 돌아보니 생각보다 빨리, 생각보다 훨씬 천박하게 변질되고 있는 것 같습니다.

박성희 _ 딸 초롱이가 초등 1학년부터 8년 동안 홈스쿨링을 했다. 2008년 캐나다로 이주해 뜨개질을 하며 살고 있다.

홈스쿨링을 집어삼킨 스쿨스쿨링

불과 몇 년 전까지 한국에서 홈스쿨링이라는 단어가 갖는 의미는 아이들을 제도적인 학습으로부터 자유롭게 하는 것이었지요. 무엇을 하지 않을 자유와 무엇을 할 수 있는 자유라는 부정과 긍정의 자유 모두를 교육 속에서 실현하고자 하는 것이었기에 홈스쿨링은 언^{un}스쿨링이라 불리기도 하고 넌^{non}스쿨링, 가정학교라 불리기도 했습니다. 그때 홈스쿨링이 의미하는 것은 지금의 홈스쿨링이란 단어가 담고 있는, 학원인지 학습지인지 인터넷 강의인지 모를 애매모호한 것이 아니었지요.

언어는 때로 특정한 이념의 반영이고, 때로 사람들의 의식을 옥죄는 거대한 상징이 되기도 합니다. 소비를 상징하는 카드가 포인트카드, 적립카드로 불리면서 마치 카드를 더 많이 가지는 것이 소비를 덜 하게 만드는 것 같은 착각을 불러일으키고, 노동시장이란 말이 마치 상품처럼 노동을 우리의 육체로부터 떼어낼 수 있다는 환상을 불러일으키는 것을 생각해보면 언어가 눈에 보이지만 않을 뿐 그 자체로서 거대한 권력임을 실감하게 됩니다.

홈스쿨링이 자본과 탐욕에 의해 오염되고, 또 그 오염된 언어를 들이마시면서 사람들은 홈스쿨의 홈을 다시 스쿨로 대체하여 스쿨스쿨이라는 학교의 이승수를 만들어내고 있는 것이 아닌가 싶습니다. 이제 홈스쿨링이라는 단어는 상술에 찌든 모습으로 각종 학습 사이트와 전단지 속에서 어서 영어를 가르치라고, 어서 방문교사를 맞이하라고 당신에게 손짓합니다.

잊지 말아야 했던 원칙들

변질된 것은 홈스쿨링이라는 단어만이 아닙니다. 지난 10여 년간 홈스쿨링을 둘러싸고 있던 환경 또한 거칠게 변화해왔습니다. 사람들은 홈스쿨링을 시작하며 홈스쿨링이라는 이름하에 보다 자유롭고 인간적인 교육, 경쟁과 탐욕으로부터 해방된 교육을 추구하고 있는지, 아니면 아이에게 제도교육보다 더 가혹하게 효율적 경쟁을 강요하고 있는지 부단히 돌아보고 고민했습니다. 처한 상황도 모두 다르고 아이들의 성향도 모두 달랐기에 홈스쿨링을 시작한 이유 또한 가지각색이었지만 그들은 두루뭉술하게나마 홈스쿨링에 대한 원칙을 공유하고 있었고 그 원칙을 지키기 위해 노력했지요. 독립할 시기가 찾아 왔을 때 아이들이 부모에게 의존하지 않게 하고 부모 또한 자녀에게 의존하지 않아야 하겠다는 생각, 아이가 스스로 깨닫는 힘을 가질 수 있도록 도와주어야 한다는 생각, 홈스쿨링이라는 소수의 선택이 존중받고 싶었듯 아이가 언제나 소수를 존중하는 사람으로 자라나기를 바라는 생각, 완성된 매뉴얼을 내놓을 수는 없었지만 부모들은 그 원칙을 잊지 않기 위해 노력했습니다. 그 원칙은 목적지로 가는 징검다리였으니까요.

하지만 자본의 논리와 세월은 많은 이들에게서 그런 두루뭉술한 원칙마저 빼앗아버렸습니다. 입으로는 행복한 아이 운운하지만 머릿속으로는 무슨 수를 써서라도 성공적으로 아이를 대학에 보낼 방법을 고민하게 되었지요. 이제 많은 사람들은 홈스쿨링을 시작하며 보다 효율적인 학습을 먼저 고민합니다. 부모들은 아이들의 '성공'에 더욱 집착하게 되었고, 직접 세상 모든 진리를 아이에게 알려주지 않으면 안 될 것 같은 불안감에 시달립니다.

아이가 남들보다 좋은 대학에 가고, 남들보다 좋은 직장을 얻어 양질의 소비를 즐기게 되길 원한다면 홈스쿨링은 정답이 될 수 없습니다. 그럼에도 부모들은 홈스쿨링을 성공을 위한 또 다른 돌파구로 바라보기 시작한 듯합니다. 그래서 부모는 스스로 학교의 역할을 떠맡고 학원 역할마저 떠맡으려 합니다. 하지만 부모가 학교를 대신하고 학원마저 대신 하는 순간 가정은 시장이 됩니다. 부모와 자식의 관계는 스승과 제자, 강사와 수강생의 관계를 뛰어 넘어 냉정하고 계산에 밝은 판매자와 구매자의 관계로 변하게 되는 것입니다. 아이의 개성은 '능률'로, 부모와 자식의 행복은 '효과'로, 자유로운 교육 방식은 '효용가치'로 옷을 갈아입게 됩니다.

아이의 성공적인 미래를 담보로 사교육업자가 된 부모들은 스스로 제임스 밀이 되면 자식들이 존 스튜어트 밀이 될 수 있다고 생각합니다.

제임스 밀은 직접 아들 존 스튜어트 밀을 가르쳤습니다. 존 스튜어트는 아버지의 교육열에 힘입어 세 살 때 그리스어를 배우고, 여덟 살 때 라틴어를 배웠으며, 열 살 때 플라톤을 이해했습니다. 여기까지가 대부분의 부모들이 바라는 자식의 모습이지요. 하지만 존 스튜어트는 아버지 제임스의 가혹한 교수법으로 인해 성인이 된 후 신경쇠약증으로 고통받아야 했습니다. 존 스튜어트는 아버지가 가치 없는 것으로 여기던 낭만주의 서적들을 통해 신경쇠약증을 극복할 수 있었지만, 평생 아버지의 영향에서 벗어나지 못한 채 아버지의 사상적 그늘 아래서 살아야 했습니다. 다른 이들에게 해를 끼치지 않는 한 자유를 제한해서는 안 된다는 존 스튜어트의 자유론은 학교를 대체했던 위협적인 아버지에 대한 상징적 반기였을지도 모릅니다.

잊지 말았어야 할 원칙을 저버린 부모들이 대안교육을 실천하고 있다는 착각에서 벗어나 냉혹한 현실을 직시할 때 그들은 "미래를 위해서라면 오늘을 기꺼이 희생"해도 좋다는 학교와 학원의 낯익은 풍경이 이미 오래전부터 집 안에 펼쳐져 있었다는 사실을 깨닫게 될 것입니다. 행복했어야 할 아이의 어린 시절이 이미 다 흘러가버린 다음이 아니면 그나마 다행이겠지요.

팔려나가는 10대의 기록들

홈스쿨링으로 대학에 간 아이들의 이야기가 이제 특별한 사교육 비법이 담긴 책이 되어 세상에 쏟아져 나오기 시작했습니다. 막연히 아이의 자발성만 믿고 있다가 청소년 백수를 만들고 말았다고 후회하는 부모의 이야기는 실패담이 되어 가명으로, '성공적인' 대학 입학을 전파하는 부모의 이야기는 실명 그대로 세상에 놓입니다. 이제 겨우 17~18년 남짓 살아온 아이들의 인생에 성공이 무엇이고 실패가 다 무엇이란 말인가요. 그리스의 현자 솔론의 말처럼 세상 누구도 죽기 전까지는 그의 삶이 어떠했다고 단정할 수 없습니다. 그럼에도 홈스쿨링의 성공 비법은 이제 돈이 되는 사업이 되었습니다. '성공 비법' 운운하는 사람들의 기준대로 말하자면 '성공한 홈스쿨러'들은 그전에도 꽤 여럿 있었습니다. 그들은 지금 벌어지고 있는 경쟁과 탐욕의 시장에 자신을 상품으로 내놓지 않았을 뿐이지요.

수요가 있으니 공급이 있다는 시대착오적인 평계를 내세우며 홈스쿨링을 시장으로 끌어낸 사람들은 사교육의 대안이라는 또 다른 사교육 시장을 만들어내며 돈을 끌어모으고 있습니다. 어떤 이는 홈스쿨링을 통해 어떻게 영어를 가르쳤는지, 어떤 이는 홈스쿨링을 통해 어떻게 아이를 대학에 보냈는지, 어떤 이는 홈스쿨링의 성공과 실패 원인에 대해 이야기합니다. 이런 책들

속에서 아이들의 어린 시절은 성공 사례가 되고 실패 사례가 되어 팔려나가고 있습니다. 당연히 이런 책들은 아이의 행복한 어린 시절이나, 아이가 행복한 삶을 지속해나갈 수 있는 가능성에 대해서는 결코 많은 지면을 할애하지 않습니다. 홈스쿨러들을 모집해 집단 학습하게 하는 업체가 생겨날 정도로 홈스쿨링의 경험은 이제 든든한 장사 밑천이 된 것입니다.

이런 장사들은 의외로 아무런 양심의 거리낌도 없이 손쉽게 시작됩니다. 모두 경험을 나누는 것뿐이라고, 도와주려는 것뿐이라고 이야기하니까요. 불안하고 다급한 부모들에게는 이보다 더 솔깃한 유혹이 있을 수 없지요. 하지만 그들은 자신들이 시작한 '소박하고 자그마한' 사업이 뒤따라올 사람들에게 어떤 영향을 미치게 될지는 상관하지 않습니다. 처음에는 무료로, 그다음에는 식비만 받고, 그다음에는 시설 이용료만 추가해서 받고, 그다음에는 교재비를 받고, 그다음에는 지적 소유권에 대한 권리도 챙겨야 할 것 같은 생각이 들게 되겠지요. 거래는 그렇게 사람들에게 시시때때로 정당성을 부여하며 탐욕을 부추깁니다. 그것이 자연스러운 자본의 논리니까요.

정말 사심 없이 누군가를 돕고 싶다면, 그런데 단 한 사람을 도울 만큼의 여유밖에 없다면, 그 한 사람을 정성을 다해 도우면 됩니다. 누구도 기부를 하기 위해 기부를 받는 사람과 거래를 하지는 않으니까요.

나중에 오는 이들에게

홈스쿨링의 가치와 목적은 사회와 학교가 만들어놓은 성공에 있는 것이 아니라 자유로운 영혼과 개성, 사회적 책임을 지닌 인간의 양성에 있습니다. 그것이 단지 학교라는 형식을 거부하는 것에 그치거나, 학교를 대체할 또 다른 형식을 만들어내는 것이 되어서는 안 됩니다. 학교로 상징되는 교육이 만든 가치, 문화, 제도에 문제가 있다고 느끼는 순간, 새로운 교육을 꿈꾸는 출발선은 '형식의 극복'이 아닌 '세계관 자체를 새로운 것으로 대체하기 위한 가슴 뛰는 상상력과 의지'입니다. 더불어 나중에 오는 이들Unto this last에 대한 배려와 연대를 홈스쿨러들은 고려해야 합니다.

19세기 영국의 경제학자 존 러스킨은 아침부터 포도밭에서 일한 이들과 오후 늦게서야 포도밭에서 일한 이들에게 포도밭 주인이 똑같은 임금을 주었다는 성경구절을 통해 사회적 약자들을 배려하는 경제학을 고안했습니다. 먼저 와서 보다 많은 일을 했다고 나중에 온 이들의 임금을 깎는 대신, 그들이 왜 나중에 오게 되었는지 생각하고 배려하며, 가진 것을 나누는 태도야말로, 처음 홈스쿨링을 시작할 때 두렵지만 행복한 희망을 품고 출발선에 섰던 이들이 나중에 오는 이들에게 갖추어야 할 자세가 아닐까요? 러스킨은 "만약 부자가 난파하는 배 위에서 금을 지키려고 자신의 몸에 금을 묶고 물로 뛰어내려 저 심연으로 가라앉는다면 과연 부자가 금을 소유한 것인가 아니면 금이 부자를 소유한 것인가"라고 자문하며 경제학의 근본 목적을 묻고 있습니다. 그리고 "삶이 없는 부는 없다"고 말합니다. 홈스쿨링의 목적은 무엇일까요? 당신은, 나는 그리고 우리는 왜 홈스쿨링을 꿈꾸었을까요?

홈스쿨링이라는 이름으로 수많은 자습서들과 인터넷 강의를 쏟아내는 업체들은 홈스쿨링이라는 단어를 차용했을 뿐이라지만 이렇게 실제로 홈스쿨링을 경험한 사람들이 상업화한 홈스쿨링이야말로 홈스쿨링을 더욱 가파른 벼랑 끝으로 내몰고 있습니다. 학습으로부터 제도로부터 자유롭고자 했던 '홈스쿨링'이 이제는 그렇게 새로운 학습이 되어 아이들의 목을 조르고 있습니다.

만약 이제 막 홈스쿨링을 시작하려 한다면 수많은 홈스쿨링 사이트와 수많은 교재들, 수많은 성공 비법에 현혹되지 마시길 바랍니다. 아이들의 행복을 위해 학교를 벗어나셨다면 부디 아이들을 '스쿨스쿨링'이라는 새로운 사교육제도에 가두지 마시길 바랍니다. 무엇보다 아이들을 또다시 불안과 불행으로 내모는 장사꾼들의 배를 불려주지 마시길 바라며, 부디 스스로 사교육업자가 되는 우를 범하지 마시길 바랍니다.

단언하건대 홈스쿨링은 결코 같은 방법이 통하지 않습니다.

세상에는 똑같은 아이가 없듯 홈스쿨링도 결코 똑같을 수가 없습니다. 부모가 다르고 아이가 다르고 환경이 다른데 어떻게 똑같은 방법이 통할 수 있겠어요. 똑같은 책을 읽어도, 똑같은 놀이를 해도 아이들은 서로 다른 것을 느끼고 다른 것을 기억하기 마련입니다.

아이들에게는 그들만의 방법이 있습니다. 비슷한 것 같다고 대충 끼워 맞추다가는 틀림없이 낭패를 보게 됩니다. 그렇게 아이들에게 통하는 가장 '일반적인'(역사적으로 검증되며 굳어져온) 교육 방식을 보편적으로 적용해놓은 것이 바로 학교라는 사실을 기억하세요. 학교를 떠났으니 이제 다른 사람들이 만들어놓은 길을 따라가지 마시고 자유롭게 새로운 길을 찾으세요.

러스킨이 내세웠던 경제의 목표에 '부富' 대신 '교육'을 대입해보면 우리는 학교로 상징되는 잘못된 교육을 어떻게 변화시켜가야 하는지, 어떤 홈스쿨링을 추구해야 하는지 분명하게 알 수 있습니다.

"모든 '교육'의 최종 결과와 종국적 완성은 살아 숨 쉬고, 밝은 눈을 빛내며 행복한 심장을 가진 인간을 가능한 많이 만들어내는 것이다."

(vol. 70, 2010. 7-8)

홈스쿨러를 위한 플랫폼
'홈스쿨링생활백서'

'홈스쿨링생활백서', 책이 아니라 커뮤니티 이름이다. 홈스쿨러를 지원하고 상담하는 온오프라인 네트워크이자 정보 공유 플랫폼이다. 홈스쿨러 출신의 한 청년이 학교 밖에서 길을 찾는 후배들을 돕기 위해 연소통의 장이다. 일종의 당사자 운동라고 할 수 있다.

전국에 학교 밖 청소년지원센터와 200여 개의 꿈드림센터가 생겨났지만, 학교를 그만둔 청소년들이 여전히 이 커뮤니티를 찾는 이유는 뭘까. 스무 명 남짓한 자원활동가들이 꾸려가고 있는 홈스쿨링생활백서(이하 홈백)의 송혜교 대표를 만나 홈스쿨러들의 현실과 그들의 활동에 대한 이야기를 들었다. _편집실

입학설명회가 아니라 자퇴설명회?

"제 경험에 비추어 홈스쿨러들을 돕고 싶었어요."

송혜교 씨는 열다섯 살 때부터 홈스쿨링을 했다. 학년이 올라갈수록 학교가 부조리하다고 느껴져 자퇴를 선택했다. 특히 교사들에게서 부당함을 많이 느꼈다. 종교를 강요하는 교사, 학생을 성추행했다가도 멀쩡하게 복직하는 교사, 체벌하는 교사… 학생들은 항상 불만이 있는데 그걸 묵인해버리는 학교 분위기가 힘들었다. "학생이 학교를 위해 존재하는 거 같다는 느낌이 들었어요."

부모님이 어렸을 때부터 학교에 안 가는 방법도 있다고 얘기해주시기도 했고 원래 독학하는 걸 좋아했던 터라 어렵지 않게 홈스쿨링을 택했는데 검정고시가 굉장히 빨리 끝났다. "중졸, 고졸 검정고시까지 모두 마쳤는데도 열일곱 살인 거예요. 시간도 많고, 하고 싶은 거도 많았죠."

학교를 그만둔 2012년만 해도 학교 밖 상황은 무척 열악했다. 학교를 다니지 않는 청소년들은 정작 검정고시에 대한 정보도 알기 어려웠고, 입시나 청소년 관련 지원에 대한 기본적인 정보조차 제공받지 못하고 있었다. 자신의 경험이 도움이 될까 싶어서 자퇴생 온라인 커뮤니티에 조언을 구하는 글이 있으면 댓글을 달기 시작했다. 몇 년 동안 이 일을 하면서 학교를 그만두고 나면 다들 비슷한 고민을 한다는 걸 알게 됐다. 친구를 어떻게 사귀면 좋을지, 자퇴 후의 외로움은 어떻게 해야 할지, 혼자서 공부하는 것에 어떠한 문제점이 있는지, 검정고시는 어떻게 봐야 하는지….

이들의 고민을 공론화하는 자리가 필요하다고 생각해 '세학자(세상이 학교인 자퇴생 모임)'[1]라는 온라인 커뮤니티 회원 몇 명과 함께 자퇴설명회를 기획했다. 입학설명회가 아니라 자퇴설명회라니, 눈에 확 띈다. 학교를 그만둔 청소년, 학교에 다니고 있지만 자퇴를 고려 중인 청소년, 그 부모들까지 70여 명이 모였다. 그게 2014년의 일이다. "한 50명 정도 예상하고 자리를 마련했는데, 서서라도 보겠다며 훨씬 많은 분들이 오셨어요. 저희도 놀랐죠."

자퇴설명회는 성황리에 끝났다. 자퇴를 했을 때 실제로 어떤지, 자기 생활을 어떻게 꾸려갔는지, 검정고시는 어떻게 봤고 대학은 어떻게 갔는지 아주 구체적인 정보를 나누는 자리였다. 이후 일간지 1면에 자퇴생을 바라보는 시선에 대한 인터뷰 기사가 크게 나면서 당시 여성가족부에서 준비 중이던 학교 밖 청소년을 위한 꿈드림센터 자문활동을 하게 됐다. 정작 학교 밖 청소년의 현실을 전혀 모르는 듯한 관계자들의 모습에 너무 준비가 되

---

1 『민들레』 108호, 자퇴생들의 커뮤니티 '세학자'.

지 않은 채 일을 벌인다는 생각이 들었다. 학교 밖 청소년에 대한 이해 없이 적은 예산으로 수만 늘리려고 하는 거 같아 걱정이 됐다. 여러 가지 조언을 했지만 전혀 받아들여지지 않았다. 정책을 바꾸는 일이 중요하겠다 싶어 한국청소년정책연구원에서 정책연구보고서 자문활동을 했는데, 이 활동을 하면서도 근본적인 문제 해결은 어렵다고 느꼈다.

홈스쿨러생활백서에서 하는 일

미국은 홈스쿨링이 합법화되어 있고, 홈스쿨링 코디네이터라는 제도가 있어서 필요한 경우 개인적인 도움을 받을 수도 있다. "왜 우린 저런 게 없을까, 늘 부러웠어요. 그것까진 아니더라도 혼자 온라인으로 공부할 수 있는 정도만 갖춰져도 좋겠어요. 온라인이 더 익숙한 세대인데 말이죠." 지원제도가 바뀌길 기다리는 것만으로는 한계가 있겠다고 생각했다. "자연스럽게 '내가 한번 해보면 어떨까' 싶었고, '학교 밖 청소년을 위한 정보 공유 채널'을 주제로 홈스쿨링생활백서 프로젝트를 기획하게 되었어요." 몇 달간의 준비 단계를 거친 후, 2017년 2월부터 본격적으로 활동을 시작했다.

정보 공유 채널이라 이름 붙인 건, 학교 밖에서 혼자 정보를 찾다 보면 검정고시 등에 관한 허위 정보가 너무 많기 때문이다.

이를 걸러내 학교 밖 청소년들에게 정확한 정보를 전하는 일이 필요했다. 이왕이면 청소년들의 감수성에 맞게 제공하는 게 좋겠다 싶어서 웹툰이나 카드뉴스 같은 이미지를 적극 활용했다. 처음엔 셋이 시작했는데 지금은 스무 명 정도의 팀원이 꾸려졌다. 콘텐츠 1팀, 2팀과 마케팅팀, 행사기획팀 등 무려 네 개 부서로 나뉘어 활동하고 있다. 팀원 중에는 학교 밖 청소년 출신의 성인도 있고 청소년지도사나 사회복지사, 청소년 멘토링을 하다가 관심 있어서 들어온 대학생도 있다. 주로 10대, 20대들이다. 이들은 모두 자기 직업을 갖고 있으면서 짬을 내어 홈백 활동을 한다. 평일 저녁과 주말을 이용해 온라인으로 기획회의를 하고, 필요에 따라 오프라인 모임을 하는데 쉽지 않다. 열정 없이는 쉽지 않은 활동이다.

홈스쿨러라는 표현을 제일 많이 쓰기는 하지만, 학교를 안 다니는 청소년을 가리키는 말 중에 완벽하게 마음에 드는 단어는 없다. 교육부가 자주 쓰는 '학업중단 학생'이라는 말은 논할 가치도 없이 틀린 표현이라는 견해를 갖고 있고, 가장 보편적인 '학교 밖 청소년'이라는 용어 역시 학교 안을 기준으로 한다는 점에 불만이 있다. '학생'이라는 단어는 초등학생부터 만학도까지 모두를 포용할 수 있는데 그 사이에 왜 학교 밖에서 배움을 얻는 청소년이 끼지 못하나 싶다. 지금으로서는 '홈스쿨러'라는 호칭이 가장 적합하다고 생각한다. 개인적으로는 '자퇴생'이라는 말을 좋아한다. '스스로 그만두었다'는 뜻을 지닌 자퇴생은 미진학생과 중퇴생 등도 모두 포용할 수 있으니까. "통상적으로 홈이라는 단어가 꼭 가정, 집만을 뜻하는 것은 아니니까요. 자기만의 삶의 터전에서 배움을 얻는 사람 모두가 홈스쿨러라고 생각해요."

홈백이 오프라인에서 주로 하는 활동은 자퇴생 파티나 소풍 등 친교를 위한 모임 개최다. 그 외 자퇴설명회, 학교 없는 졸업식 등 학교 밖 청소년에게 실질적으로 도움이 될 만한 행사를 진행하기도 한다. 학교를 안 가면 친구를 어디서 사귀어야 하는지 늘 고민인 자퇴생들에게는 꾸준히 사람들을 만날 수 있는 신뢰 집단에 대한 갈망이 있다. 야외로 소풍도 가고, 장소를 빌려서 수련회처럼 레크리에이션을 하며 놀기도 하는데 전국 각지에서 찾아온다.

온라인으로는 학교 밖 청소년들을 위한 주요 행사나 정보 등을 정리해 SNS와 블로그에 주 2회 업데이트하는데, 정기적으로 소식을 받아보는 사람들은 페이스북 페이지 기준 대략 2,500명 정도다.

전국에 학교 밖 청소년을 위한 지원센터가 있는데, 홈스쿨러들이 여전히 이런 모임을 찾는 이유가 뭘까. "상담 요청이 오면 저도 서울까지 오지 말고 자기 지역에 있는 꿈드림센터를 찾아가보라고 일단 권하긴 하지만, 아쉬움이 커요. 여가부에 자문을 할 때 제가 낸 의견은 전국에 200개씩이나 분산시키지 말고 도시별로 집중해서 질 높게 만들자는 거였어요. 청소년들은 대중교통을 이용해 어느 정도 이동할 수 있는 나이인 만큼 정말 필요하다고 생각하면 그곳으로 찾아갈 테니까요."

제대로 운영되지 않고 있는 센터들이 있다는 얘기를 들으면 안타깝다고 한다. 다녀온 친구들도 만족도가 높지 못한 경우가 많다고. 그 예산으로는 경력 있는 사람을 고용하기 어렵고, 시설을 제대로 갖추기도 쉽지 않은 탓이다. 학교 밖 청소년들의 변화도 읽힌다. 제도권 밖으로 나갔는데 굳이 또다시 어떤 기관에 소속되고 싶지는 않다는 생각을 가진 청소년도 늘어나는 듯하다.

청소년지원센터가 많이 생기는 것과는 별도로 이렇게 유동적이고 자유로운 모임이 필요하다고 생각하는 또 다른 이유는, 청소년들이 더 주체가 되었으면 좋겠다는 생각에서다. 센터와 프로그램이 똑같더라도 접근 방식이 어떤가에 따라 큰 차이가 생긴다. 중요한 것은 어른들이 아니라 또래가 운영하고 있다는 느낌을 주는 거라고 생각한다. 어른들이 주도하는 모임을 불편해하는 친구들이 많다. 홈백 팀원들은 나이가 아무리 많아도 20대 후반이라 청소년들이 훨씬 가깝게 느끼는 듯하다.

좀처럼 집 밖에 나가지 않는 히키코모리 청소년이 스스로 홈백 모임에 온 적이 있다고 한다. 첫 행사에 어렵게 왔다가 두 번째 행사에 또 왔는데 조금 달라진 게 느껴졌다. 그는 세 번째, 네 번째, 다섯 번째에도 꾸준히 왔다. 아직은 사회적 관계를 맺는 일이 좀 서툴러 보이지만 스스로 세상 밖으로 나오기 시작한 건 굉장히 큰 변화라고.

본인의 경험에 비추면 그럴 만도 하다. 자퇴를 결심했을 때 다짜고짜 "중간고사 성적 산출해야 하는데, 너 자퇴하면 일 두 번 해야 하니까 조금만 늦게 자퇴해라"고 얘기하는 교사가 있었다. 자퇴한 지 한 달 정도 지나서 인사하러 다시 학교에 갔을 때 그 교사가 "너 때문에 그때 진짜 귀찮았다"고 다시 언급한 일은 지금 생각해도 서운하다.

실제로 교사에게 불만이 있어 학교를 그만두는 친구들이 많다. 학생을 성희롱하고 폭력을 가해도 교사는 남고, 피해 학생은 떠난다. 그런 일을 참으면서 학교에 남아 있는 학생들은 훨씬 많을 거다. 기본적으로 교사들만 바뀌어도 학교 밖으로 나오는 청소년들이 훨씬 줄지 않을까 생각한다는 그는 학교를 그만두는 청소년들을 몇 년 동안 지켜보며 이젠 더 이상 공교육이 학생을 붙잡을 힘이 없다는 걸 느낀다. 대대적으로 교육제도가 개편되지 않으면 앞으로 그 현상은 더 심각해질 거라고 말한다.

요즘 학교에 대해 가장 문제라고 생각하는 건, 아이가 공부를 못하면 학생과 학부모에게 그 책임을 묻는다는 것. "교사들도 수업 중에 '이거 학원에서 배웠지?' 하고 넘어가는 경우가 많아요. 사교육 없이 공교육 받기가 힘들어진 현상도 이상하지만, 정보를 영상으로 찍고 편집하고 올리는 일이 능숙한 요즘 아이들에게 수십 년 전 지식을 담은 교과서를 일제히 펴놓고 공부시키는 것도 문제 아닌가요?" 그는 사회가 변화하는 속도에 비해 학교가 너무 경직되어 있는 것 같다고 말한다.

궁극적으로 우리나라에서도 홈스쿨링이 합법화되면 좋겠다고 덧붙인다. 학교 밖 청소년을 위한 제도가 확장되고 있지만 여전히 많은 학교 밖 청소년들은 사각지대에 놓여 있다고 느끼기 때문이다.

그들의 새로운 선택을 응원하며

학교 밖 청소년들은 혼자 배움의 길을 가는 것보다 더 힘든 것이 '사람들의 편견'이었다고 입을 모은다. 학교를 다니지 않으면 불량 청소년일 거라는 편견, 학교가 아닌 다른 배움의 길을 선택했을 뿐인데 학업을 중단했다고 하는 말도 듣기 불편했다. 학교 밖 청소년들로 인해 범죄가 늘어나고 사회적 비용이 초래된다는 이야기…. 뉴스와 각종 정책 보고서에서 학교 밖 청소년을 바라보는 태도는 부정적인 시선 일색이다. 학령인구 중 학교를 다니지 않는 청소년이 40만 명으로 추산된다는 통계가 무색하게, 사회적 인식은 한참 뒤떨어져 있다.

홈스쿨러들이 겪는 두 번째 어려움은 진로 찾기다. 그 외에도 구직에 어려움을 겪거나, 도움받을 곳이 없다는 내용이 뒤를 이었다. 여성가족부에서 전국에 200개가 넘는 학교 밖 청소년 지원센터, 꿈드림센터를 운영하고 있지만, 이용자 만족도의 편차는 크다. 예산 부족으로 제대로 시설을 갖추지 못한 센터들도 많고 운영에서도 지역별 편차가 아주 크며, 아예 센터가 없는 지역도 있다.

사람들의 편견은 정책으로 해결할 수 없는 부분이지만, 정보 공유는 간단하게 해결할 수 있다. 홈스쿨링생활백서에서 활동하는 팀원들은 10~20대의, 각자 본업이 있는 청소년과 청년들이다. 실제로 학교 밖 청소년들에게 필요한 콘텐츠를 기획하고 배포하는 일을 청소년지도사나 전문가가 아닌 학교 밖 청소년들이 직접 하고 있는 셈이다. 수십 명이 손품을 팔아 정보를 제공하고 있는데, 만약 중앙정부 차원에서 이 작업을 한다면 정말 손쉽게 끝날 것이다. 5천 명 이상의 사람들이 홈스쿨링생활백서의 소식을 받아보고 있다는 것이 기쁜 일이지만, 한편으로는 씁쓸하기도 하다. 자본도, 전문성도 없는 청소년들이 모여 이 모든 일을 하는 동안, 도대체 나라에서는 무엇을 하고 있는 걸까.

목마른 사람이 우물을 파듯 청소년 당사자들이 나서서 이런 활동을 하고 있지만, 운영에 어려움이 적지 않다. 홈백 팀원들이 자기 돈과 시간을 들여서 자발적으로 일하고 있는 터라, 인건비는커녕 실질적인 운영비나 활동비가 늘 걱정이다. 행사가 있을 땐 식품회사에 무작정 전화를 돌려서 간식을 후원받기도 하고, 회의비 등은 각자 호주머니를 털어 꾸려가고 있다. 홈스쿨러 친목 모임을 열 때는 참가비를 최소한으로 걷고 있는데, 지속성 면에서 아무래도 한계가 있다고 느낀다. 그래도 각 지역마다 오프라인 활동을 위한 지부를 마련하는 꿈을 갖고 있다. 가능하면 전국의 많은 청소년들에게 도움이 되었으면 좋겠고, 팀원들에게 조금이라도 급여를 줄 수 있는 환경을 마련하는 것도 목표다.

"개인적으로는 삶에 필요한 것들을 배우는 학교를 만들고 싶어요. 단순히 교과가 아니라 알바에 필요한 노동법, 장례식장 예절 등등 정말 삶에 유용한 것들을 배우는 학교요." 토론을 일상화하는 것도 중요하다고 느낀다. 학원강사로 일하고 있는 그는 학생들이 학교에서 질문하기 어렵다고 토로하는 걸 자주 본다. 질문을 하면 선생님이 좋아하지 않는단다. 입시를 눈앞에 둔 상황에 사회문제나 정치 등 다양한 분야에 대한 지식을 접할 기회는 정말 없다.

오히려 자퇴생들이 모여 있는 단체 채팅방을 보면 또래에 비해 사회적인 문제에 관심이 높다고 느낀다. 입시 말고 다른 것에 시선을 돌릴 시간적 여유가 있기 때문 아닐까. "청소년들에게 사회에 나갈 준비를 단단하게 할 수 있는 교육공간이 있으면 좋겠어요. 지금은 홈백이 조금이나마 그런 역할을 하고 싶고요"

"저는 제가 원한 길이었기 때문에 학교 밖의 편견이나 차별,

제 처지에 대해서도 오히려 받아들이기 수월했어요. 옳지 않은 일이지만 수긍해버린 거죠. 하지만 제가 만나본 청소년들 중엔 건강 문제나 학교폭력 같은 외부적 요인 때문에 학교를 다닐 수 없게 된 친구들도 많았어요. 그런 친구들에게 "자퇴는 네가 선택한 길이니 부당한 대우도 네가 책임져"라고 하는 건 너무하지 않나요? 홈스쿨링생활백서 활동이 홈스쿨러들을 바라보는 사회의 인식 변화에도 도움이 되었으면 좋겠어요. 학교가 아니어도 그들이 행복하게 지낼 수 있게, 새로운 선택을 응원하며 돕고 싶어요."

(vol. 120, 2018. 11-12)

학교 밖 아동들의
'법적' 교육권을 보장하라

학교를 다녀야 안전하다?

고레에다 히로카즈 감독이 2004년에 만든 영화 〈아무도 모른다〉는 1988년 일본 도쿄에서 있었던 '스가모 아동 방치 사건'을 소재로 하고 있다. 영화는 네 남매를 키우던 싱글맘이 재혼을 이유로 집을 떠나고, 남은 네 남매가 어떻게든 살아남기 위해 서로 의지하며 살아가는 과정을 찬찬히 보여준다. 돈이 바닥나고 고지서들이 쌓이더니 전기와 수도가 끊긴다. 아이들은 공원에서

박종훈 _ 변호사. 서울특별시교육청 학생인권교육센터 사무관으로 일하다 현장에서 직접 아이들과 호흡하고 싶어 기간제 교사의 길을 걷게 되었다. 지금은 산청 간디고등학교에서 학생들과 행복한 시간을 보내고 있다.

머리를 감고 빨래를 한다. 끼니는 편의점에서 내다버리는 유통기한이 지난 음식들로 때운다. 아이들이 그렇게 살아가는 동안 주변의 어른들 누구도 네 남매의 존재를 알아차리지 못한다. 이 영화가 국제사회에 준 충격은 컸다(2004년 칸영화제는 이 영화에서 장남 역할을 맡았던 열네 살 야기라 유야에게 남우주연상을 주었다).

국내에서도 간헐적으로 아동인권에 대한 논의가 이루어지곤 했지만 언제나 그렇듯, 다짐은 짧고 망각은 쉽다. 어떻게 일본과 같은 선진국에서 저런 일이 있을까 싶던 충격의 시간이 지나고, 한국에서도 이른바 '인천 아동학대 사건'이라는 영화와 같은 일이 벌어졌다. 2015년 12월 인천에서 열한 살 아이가 빌라 가스 배관을 타고 부모 몰래 탈출했다. 아이가 인근 슈퍼마켓에서 과자를 장바구니에 가득 담는 것을 주인이 발견하고는, 음식에 과도하게 집착하는 모습과 깡마른 모습을 수상하게 여겨 경찰에 신고하면서 아동학대 사실이 세상에 알려졌다. 수사 결과 아버지는 심각한 게임 중독자였으며, 동거녀와 함께 상습적으로 아이를 폭행하고 음식을 주지 않는 등 학대를 일삼은 것으로 밝혀졌다. 그야말로 '아무도 몰랐다'.

이 사건을 계기로 아동인권에 대해 다시 관심이 높아졌고, 방치되는 아동에 대한 여러 가지 대책이 마련되었다. 문제는 여기에서도 여전히 '학교'라는 울타리로 대부분의 초점이 맞추어졌다는 점이다. 사건의 아동이 무단결석을 하는 동안 학교는 무엇을 했는가에 비난이 집중되었고, 그 이후 학교에는 무단결석하는 아동을 위한 '미취학 및 무단결석 관리대응 매뉴얼'이 보급되었다. 매뉴얼은 결석 1~2일째는 해당 학교 교직원이 유선으로, 3~5일째는 교직원과 사회복지전담 공무원의 가정방문, 6~8일째에는 보호자와 학생을 학교로 불러 면담을 실시해 출석을 독려하도록 하고 있다.

학대받는 아동을 보호하려는 이 매뉴얼의 취지가 나쁘다고는 할 수 없다. 그러나 결국 이 매뉴얼은 '학교 밖 아동'에 대한 사회적 편견을 잘 보여주고 있다. 즉 무엇이 정상이고 무엇이 비정상인가에 대한 이 사회의 시선을 다시 한번 확인한 것이다. 이러한 시선은 '의무교육', 즉 학교를 다니는 것은 '학생의 의무'라고 인식하는 데서 상당수 발생한다.

실제로 최근에 서울시교육청이 「학교 밖 청소년 지원에 관한 법률」 제3조 및 제9조*를 근거로 2019년부터 학교 밖 청소년들의 학습 지원을 위해 월 20만 원씩 지원하는 '교육기본수당'을 도입하겠다고 발표하자, 같은 맥락의 비판이 이어졌다. 대표적으로 여명 자유한국당 서울시의원은 "학교란 지식만을 주입하는 곳이 아닌 우리 사회로 편입될 예비 사회인들에게 함께 살아갈 힘을 가르치는 곳이다. 싫은 사람과 싫은 상황에 놓일 때에도 버틸 수 있는 훈련을 하는 곳이라는 이야기다"라면서 "이 정책이 청소년들로 하여금 학교라는 작은 사회를 벗어나도 국가로

부터 충분한 관리를 받을 수 있다는 왜곡된 관념을 주입하게 될
수 있다. 현실은 냉혹함에도, 아이들을 사회 밖으로 내모는 꼴이
된다"고 주장했다.

* 「학교 밖 청소년 지원에 관한 법률」

제3조 (국가와 지방자치단체의 책무)

① 국가와 지방자치단체는 학교 밖 청소년에 대한 사회적 차별 및 편
견을 예방하고 학교 밖 청소년을 존중하고 이해할 수 있도록 조사·연
구·교육 및 홍보 등 필요한 조치를 하여야 한다.

② 국가와 지방자치단체는 학교 밖 청소년 지원 프로그램을 마련하기
위하여 필요한 시책을 수립·시행하여야 한다.

③ 국가와 지방자치단체는 제1항 및 제2항에 따른 책무를 다하기 위하
여 학교 밖 청소년 지원에 필요한 행정적·재정적 지원방안을 마련하
여야 한다.

제9조 (교육지원)

① 국가와 지방자치단체는 학교 밖 청소년이 학업에 복귀하고 자립할
수 있도록 다음 각 호의 사항을 지원할 수 있다.

1. 「초·중등교육법」 제2조의 초등학교·중학교로의 재취학 또는 고등
학교로의 재입학

2. 「초·중등교육법」 제60조의3의 대안학교로의 진학

3. 「초·중등교육법」 제27조의2에 따라 초등학교·중학교 또는 고등학교를 졸업한 사람과 동등한 학력이 인정되는 시험의 준비

4. 그 밖에 학교 밖 청소년의 교육지원을 위하여 필요한 사항

② 제1항에 따른 교육지원의 방법 및 절차 등에 필요한 사항은 여성가족부령으로 정한다.

교육받을 권리는 의무인가

사실 교육은 인류의 역사와 그 궤를 함께 한다. 즉 인류가 집단생활을 하기 시작하면서 공동체를 위한 지식의 전달이 필요했고, 인간은 교육을 통하여 지식을 전수하면서 진보해왔다. 그러나 근대에 이르기 전까지 교육은 특정 계층만이 누릴 수 있는 특권이었다. 그러나 균등하지 않은 교육 기회에 대한 반발이 있었고 시민혁명을 통하여 지금 우리가 생각하는 교육제도, 즉 일정 나이가 되면 모두가 학교에서 교육을 받는 공교육제도가 보편화되기 시작되었다.

흔히 우리가 생각하는 학교의 모습, 즉 일정한 나이가 되면 모두 같은 공간에 모여서 교육을 받는 공교육 학교제도는 독일과 프랑스를 중심으로 지금으로부터 불과 1~2세기 전에 만들어졌다.[1] 그런데 두 나라 모두 자발적으로 만들어졌다기보다는 국가에 의해 강제로 부과되었고, 이것은 학교 제도의 중심을 교육

보다 훈육에 두고 운영하게 되는 원인이 되었다.

그러나 현대 학교의 이상은 과거와 다르다. 세계대전을 겪으면서 학교가 가진 문제점에 대해 많은 비판이 있었고, '민주적인 환경'에서 '민주시민'으로 성장해가는 곳으로서 학교의 중요성이 훨씬 더 중요해진 것이다. 그러나 이러한 논의가 '학교 밖 청소년'의 적극적인 보호로 이어지지는 못했다. 오히려 학교라는 공간에 있지 않는 아동들은 '민주시민'이 될 기회를 박탈당한 것이므로 학교에 다녀야 하는 것이 '의무'라는 측면에서 논의가 이어졌다. 그러다 보니 2014년 「학교 밖 청소년 지원에 관한 법률」이 제정되었음에도 불구하고 실질적인 학교 밖 청소년에 대한 지원에는 부족함이 있었다.

우리나라의 가장 상위법인 「대한민국 헌법」을 먼저 살펴보자.[2] 제31조 제1항에서는 모든 국민에게 교육받을 권리가 있음을, 그리고 제2항에서는 의무교육을 받게 해야 한다고 규정하고 있다. 그런데 각각의 주체가 다르다. 교육받을 권리는 모든 국민의 권리이므로 당연히 아동도 그 주체가 된다. 그런데 아동으로 하여금 초등교육과 법률이 정하는 교육을 받게 할 의무는 '아동

---

1 한동일, 『교육의 역사·철학 이해』, 성균관대학교 출판부, 1998, 205쪽.
2 제31조 ① 모든 국민은 능력에 따라 균등하게 교육을 받을 권리를 가진다. ② 모든 국민은 그 보호하는 자녀에게 적어도 초등교육과 법률이 정하는 교육을 받게 할 의무를 진다.

의 보호자'의 의무이다. 즉 아동이 교육받을 권리는 하나의 '생존권'[3]이므로 반드시 보장받아야 하고, 아동의 보호자가 아동노동 등으로 인해 그러한 권리를 박탈해서는 안 된다는 것을 규정한 것이다.

그런데 지금껏 교육계와 법조계의 논의는 '교육받을 권리'를 '학교(국가)'에서 '어떻게' 보장할 것인지에 집중되었다. 그래서 수업료, 무상급식, 무상교복 등이 법적으로 보장될 수 있는지가 쟁점이 되어왔다. 부모들도 '자녀교육권'에 대해서 학교라는 제도 안의 문제, 즉 고교평준화 또는 고등학교 선택권 등을 주로 다투었다.

국가는 개인에게 어디까지 강요할 수 있는가

그러나 최근 연구 등을 통해 새로운 목소리가 나오고 있다. 즉 헌법에서 보장하고 있는 교육받을 권리에는 '홈스쿨링'이나 '대안교육' 등을 포함해야 하고, 그것을 통해 교육받을 권리를 보장하려는 의무 또한 충족되는 것으로 보아야 한다는 논의들이 나오고 있는 것이다.

가령, 헌법재판연구원 책임연구관인 최규환은 "의무교육 이

---

3   헌법재판소 1991. 2. 11. 선고 90헌가27. 교육을 받을 권리는 '존엄한 인격체로 성장하고 이를 유지하기 위한 권리'라는 의미다.

행의 방식과 형태로 취학 의무만을 배타적으로 강제함으로써 홈스쿨링을 전면적으로 금지하는 것은 부모의 자녀교육권과 아동의 교육을 받을 권리 침해라고 판단할 수 있다. (…) 나아가 홈스쿨링에 대한 사회권적 측면에서의 급부가능성이 검토될 필요가 있다. 여기에는 교육지원 서비스와 학교시설 부분 개방 및 이용 요구권 보장, 국가의 상담·관찰·감시·감독권 행사, 학력의 공적 인정과 같은 것이 있을 수 있다"고 주장했다.[4] 국가의 여건에 따라 그 보장의 정도는 차이가 있을 수 있겠으나 일면 타당한 주장이라고 볼 수 있다.

또한 대안교육연대의 박민형 외 연구자 4인은 학교 밖 아동들을 위해 법령 개정을 구체적으로 제안한 바 있다.[5]

첫째, 「학교 밖 청소년 지원에 관한 법률」 제3조 및 개정을 통하여 '학교 밖 청소년'의 범위를 넓힐 필요가 있다. 현재 「학교 밖 청소년 지원에 관한 법률」 제2조는 이 법의 대상을 「청소년 기본법」과 연동하도록 하고 있어서, 9세 이상으로 한정하고 있다. 그렇게 되면 취학 연령임에도 9세가 되지 않은 아동의 경우 법에 의한 보장을 받을 수 없다. 또한 현재는 일단 학교에 진학

---

4 최규환, 〈헌법상 교육을 받을 권리의 재이해〉 2018. 8. 헌법재판소 헌법재판연구원.
5 박민형·김영준·김준우·김홍율·이상호·정순문 〈의무교육단계 학교 밖 청소년의 학습권 법제화 방안에 관한 연구〉, 2018.3. 재단법인 동천·대안교육연대.

한 후 적응하지 못하는 청소년들을 대상으로 하고 있지만, 처음부터 학교에 진학하지 않은 청소년들도 법령 개정을 통하여 '학교 밖 청소년'으로 보아야 한다.

둘째, 법 제4조 개정을 통하여 단순히 학교 밖 청소년을 학교로 복귀시키려고 노력하는 것이 아니라 좀 더 적극적으로 학교 밖 청소년의 다양한 학습 방법에 관한 정보를 제공해야 한다. 즉 현행 법령은 학교를 떠난 청소년을 '학업에 복귀'할 수 있도록 학교의 재취학 또는 재입학, 「초·중등교육법」상의 대안학교 진학, 검정시험 준비 등을 국가나 지방자치단체가 지원할 수 있도록 하고 있으나 좀 더 적극적으로 「대안교육기관 진흥에 관한 법률」에 따른 대안교육기관이나 홈스쿨링 또한 지원할 수 있도록 법령을 개정해야 한다.

이상을 정리하면, 이 사회의 학교 밖 아동에 대한 지원 체계는 여전히 '학교 중심'이다. 그러나 모든 구성원들이 동일한 환경에서 동일한 교육을 받으면서 견딜 수 있다고 기대하는 것은 (여명 서울시의원의 발언처럼 '버틸 수 있는 훈련'을 해야 한다고 주장하는 것은) 인간의 존엄성에 대해 고민하게 하는 부분이다. 이것은 우리가 '양심적 병역거부'에 대한 논의에서도 유사하게 보았던 논쟁이다. 국가는 개인에게 어디까지 강요할 수 있는가?

더 늦어서는 안 된다

그렇다면 위 법령 개정 없이는 학교 밖 아동들에 대한 지원도 불가능한 것일까? 그렇지는 않다. 기본적으로 대한민국은 '유엔 아동권리협약'을 비준한 국가이다. 헌법에서는 "헌법에 의하여 체결·공포된 조약과 일반적으로 승인된 국제법규는 국내법과 같은 효력을 가진다"라고 정하고 있다. 그리고 유엔아동권리협약을 근거로 하여 아동과 청소년의 복지 및 교육을 지원하는 수많은 법령이 존재한다. 그리고 이 모든 법들은 아동 및 청소년의 생존권과 발달권 보장을 핵심으로 하고 있다.

물론, 이러한 법령을 근거로 개인이 국가에 구체적으로 청구를 할 수 있느냐 하는 것은 조금 다른 문제다. 왜냐하면 우리나라의 대법원이나 헌법재판소 모두 비단 교육권뿐만 아니라 다른 기본권에서도 개인이 국가에 청구할 수 있는 성격의 권리, 즉 사회권을 인정하는 데는 매우 인색하기 때문이다. 그럼에도 불구하고 행정적으로 학교 밖 아동을 지원하기 위한 정책을 수립하고 지원하는 데는 큰 무리가 없다. 시민에게 '급부'를 하는 경우 비교적 추상적인 법령에 근거해서도 얼마든지 정책을 수립할 수 있기 때문이다. 더구나 최근에는 많은 지방자치단체들이 앞다투어 아동·청소년 인권 관련 조례를 제정하였다.

그러나 이런 행정의 시혜에 기대는 동안 학교 밖 아동·청소년들은 다양한 길을 선택한 사람으로 인정받는 것이 아니라 '학교 부적응자'라는 차가운 시선 속에서 숨 죽여야 한다. 이를 위해서는 위 박민형 외 4인의 연구에서도 언급한 것처럼 학교 밖 아동·청소년의 학습권을 보장하는 종합적인 법률 제정이 필요하다. 영화 〈아무도 모른다〉 속 이야기는 아동을 방치한 부모의 이야기가 아니다. 고의든 과실이든 그들을 보지 못한 사회의 이야기이다. 더 늦어서는 안 된다.

(vol. 120, 2018. 11-12)

홈스쿨링 제도화의 방향

홈스쿨링을 바라보는 두 관점

1999년 1월 『민들레』 창간호[1]를 계기로 홈스쿨링에 관한 공개적인 논의와 모임이 시작되었다고 보면, 우리나라의 홈스쿨링운동은 20년쯤 되는 셈이다. 이제 '홈스쿨링'은 우리 사회에서 상당히 익숙한 용어이자 교육 현상으로 자리를 잡았다고 할 수 있다.

홈스쿨링을 학교교육의 연장이라고 보아야 할까, 아니면 그

이종태 _ 한국청소년정책연구원 원장을 역임하고 공립 대안학교인 한울고등학교 교장을 거쳐 지금은 건신대학원대학교 대안교육학과 석좌교수로 대안학교 법제화 및 홈스쿨링 지원 정책 연구 프로젝트를 진행하고 있다.

것과는 단절된, 질적으로 새로운 배움의 시도로 보아야 할까? 여기에 대해서는 크게 두 가지 입장이 있다.

우리나라에서 처음으로 홈스쿨링에 관한 연구서를 낸 서강대학교 김재웅 교수는 "홈스쿨링은 가정home과 학교 다니기schooling라는 두 용어가 합쳐진 말로, 학령기의 아동을 학교에 보내지 않고 학부모가 직접 또는 다른 사람들과 자원(튜터, 인터넷, 가정학습지, 도서관 등)의 도움을 받아 가정을 중심으로 학교가 하는 일을 수행하는 활동을 가리킨다"고 정의하였다. 여기서 핵심은 형태와 방식은 다를지라도 홈스쿨링의 교육 내용이 '학교가 하는 일'과 다르지 않다는 것이다.

반면, 홈스쿨링을 통해 이루고자 하는 교육이 학교교육과 질적으로 다르다는 견해도 있다. 국내 홈스쿨링 부모와 그 자녀들을 여러 해 동안 직접 만나서 관찰하고 이를 분석해서 학위논문을 쓴 조선대학교 서덕희 교수는 "홈스쿨링은 가정으로 옮겨놓은 학교態schooling가 아니"라고 잘라 말한다. 그가 생각하는 홈스쿨링은 근대학교에 대한 극단적 형태의 저항이라고 할 수 있는 대안교육운동의 연장선상에 있으며, 따라서 기존의 학교교육과는 연속성보다 불연속성이 크다고 보는 것 같다.

---

1 특집 기획 '학교 밖에도 길이 있다'에서 '홈스쿨링 운동을 소개합니다' '학교 안 다니면 안 되는가' '학교에 보내지 않고 아이 키우기' 같은 기사를 게재했다.

물론 홈스쿨링의 의미를 이처럼 양자택일 방식으로 이해해야 할 필요는 없다. 이러한 견해들은 오히려 매우 넓은 스펙트럼을 가진 홈스쿨링의 실제를 반영하는 것으로 보아야 할 것이다.

홈스쿨링 제도화의 필요성

홈스쿨링을 선택하는 이들의 동기로 대략 다음과 같은 두 가지가 제시된다. 하나는 학교교육에 대한 불만이다. 교사의 비교육적인 언행이나 처사, 왕따나 학교 폭력과 같은 비교육적 환경 때문에 학교를 등질 수밖에 없다는 것이다. 다른 하나는 학교교육이 지향하는 가치관이나 세계관에 대한 부동의이다. 그들은 자기 나름의 독자적인 신념에 따라 대안적인 교육을 모색한다.

여기에는 기독교 등 종교적인 배경이 작용하는 경우도 있고 그렇지 않은 경우도 있다. 어떤 사람들은 효율적인 대학입시 준비를 위해 학교를 자퇴하고 학원 수강에 의존하여 학령기를 마치는 경우도 홈스쿨링이라 하지만, 공교육 방식을 단순하게 사교육으로 바꾸었을 뿐 내용은 같다는 점에서 그렇게 정의하기에 다소 무리가 있다. 다만, 홈스쿨링을 보완하기 위해 학원 수강을 할 수도 있기 때문에 그 경계를 뚜렷하게 나누기는 어렵다.

어느 경우든, 홈스쿨러들은 자신들의 선택이 그럴 만한 가치가 있고 정당하다고 생각하며, 사회적으로도 그렇게 인정받기를 원하고 있다. 이러한 홈스쿨링을 통해 자신에게 필요한 교육 경험을 쌓고 있는 아동·청소년들은 매년 수백에서 수천 명에 이르는 것으로 추정된다. 또 그동안 많은 매체들이 홈스쿨링을 통해 성장한 청소년들의 다양한 성공 사례들을 소개하였기 때문에 홈스쿨링의 교육적 의의와 가능성에 대해 우리 사회가 비교적 익숙한 상황이다. 또한 외국의 학자 및 실천가들의 홈스쿨링 관련 저작과 국내서도 여러 권 출간되어 홈스쿨링에 대한 이해도 어느 정도 축적되어 있다고 할 수 있다.

하지만 이러한 상황에도 우리나라에서 홈스쿨링은 아직 제도적으로 인정받지 못하고 있으며 법적으로 불법 상태에 있다. 그 결과 홈스쿨러들은 대한민국 국민이라면 누구에게나 보장되어 있는 국가의 교육 지원에서 철저하게 배제되고 있고, 취학의무 불이행에 따른 제재라는 잠재적 불안을 늘 안고 산다. 홈스쿨러들만 불편한 것은 아니다. 국가 역시 법을 엄정하게 집행해야 함에도 불구하고 엄연한 불법 현실을 방치하고 있다는 사실에서 비롯되는 직무태만 혐의에서 자유롭지 못하다.

이런 상황들을 고려하면 당위적 차원에서 누구도 홈스쿨링 제도화의 필요성을 부정하기 어렵다. 하지만 현실적으로는 제도화가 간단치 않다. 우선, 홈스쿨링의 제도화란 비인가 대안학교들의 합법화와 마찬가지로, 교육감의 인가를 통해 성립하는 '학교교육'과 구별되는 별도의 교육 경로를 인정한다는 것을 의미한다. 교육과 '학교'를 동일시해온 기존의 교육체제와 관행에 대한 근본적인 변화가 전제되어야 한다는 점에서, 현재로선 그런 방식의 제도화는 요원해 보인다.

홈스쿨링 제도화라는 새로운 길이 기존의 학교교육 체제에 대한 대안이나 실질적인 보완일 수 있다는 사회적 확신은 물론이고 이를 위한 적극적인 논의조차 없다는 현실도 큰 장벽이다. 게다가 기존의 학교교육 옹호론자들은 홈스쿨링 제도화가 일부 부모의 아동학대나 방치를 초래할 수도 있음을 경고한다. 다른 한편으로는 또 정반대의 이유에서 우려의 목소리가 나오기도 한다. 홈스쿨링 제도화가 자칫 홈스쿨링에 대한 당국의 지나친 규제를 초래할 수도 있다는 것이다. 이렇게 보면, 홈스쿨링의 제도화는 양날의 칼이다.

미국의 홈스쿨링 제도

하지만 국내에서 홈스쿨링에 대한 수요가 꾸준히 늘어나고 있고 국제적으로도 이미 합법화가 대세라는 점에서 홈스쿨링의 제도화는 어떤 방식으로든 추진되어야 하는 과제임에는 틀림없다. 그렇다면 제도화를 어떻게 추진해야 할까? 먼저 비교적 오래 전에 홈스쿨링을 제도화한 미국의 사례를 간단하게나마 살펴보자.

1960년대에 존 홀트의 공교육 비판을 계기로 확산되던 미국의 홈스쿨링운동은 1979년 1월에 일어난 존 싱거 사건을 계기로 합법화의 길이 모색되기 시작했다. 종교적인 이유로 홈스쿨링을 하고 있던 싱거가 거듭된 당국의 요청에도 취학을 거부하다가 체포하러 온 경찰과 대치하다 총에 맞아 죽은 사건을 계기로 미국 사회는 당국에 의한 강제 취학의 문제를 광범위하게 검토하기 시작하면서, 1993년에는 모든 주에서 홈스쿨링이 합법화되었다.

　　그런데 합법화되었다고는 하나 홈스쿨링의 구체적인 형태는 지역마다 다르다. 규제가 거의 없는 주에서 아주 엄격하게 규제하는 주에 이르기까지 다양한 스펙트럼을 이루고 있다. 미국의 홈스쿨링 형태는 규제의 강도에 따라 대략 다음과 같이 네 가지 유형으로 나뉜다.[2]

　　첫째, 규제가 거의 없는 형태이다. 홈스쿨링에 관한 명시적인 규정이 없어 당국의 허락도 필요 없고 교과과정에 대한 승인 절차도 없다. 다만 부모가 문서화된 교과과정을 가지고 성실하게 아동을 교육하면 된다. 텍사스 주가 대표적인 사례로 꼽힌다.

　　둘째, 규제가 있지만 상대적으로 느슨한 형태이다. 캘리포니아 주를

2　김재웅, 『홈스쿨링의 정치학』, 민들레, 2010.

예로 들 수 있는데, 여기서는 홈스쿨을 사립학교로 인정받거나, 사이버 차터스쿨[3]에 등록하거나, 가정교사를 고용하거나, 집에서 공립학교 교과과정을 따라 학습하는 네 가지 방식 중 하나를 선택할 수 있다. 가정교사 외에는 교사자격증이 필요 없으며 표준화검사도 요구하지 않는다는 점에서 학부모의 자율성이 폭넓게 인정된다.

셋째, 홈스쿨링 관련 규정이 별도로 존재하여 다소 강한 규제가 이루어지는 형태이다. 조지아 주의 경우를 보면, 홈스쿨링의 최초 신고 후 매년 정례적으로 보고서를 제출하도록 되어 있고, 필수 교과과정 준수와 일 년 180일 이상의 수업, 그리고 매일 4시간 30분의 수업 시간 유지, 출석부 관리와 월별 교육장 보고 등이 규정되어 있다.

넷째, 홈스쿨링 관련 규정을 통해 공립학교와 실질적으로 동등한 수준의 교육을 요구하는 형태이다. 뉴욕 주를 대표적 사례로 꼽는데, 여기서는 매년 정례적으로 홈스쿨링 계획서를 제출해야 하고, 반드시 표준화검사를 실시하여 아동의 종합 성적이 상위 33% 이내에 들도록 해야 한다.

우리나라에서 홈스쿨링을 제도화한다면 이 중에서 어떤 유형에 근접하도록 해야 할까? 아마도 홈스쿨링을 하는 학부모나 학생이라면 운신과 선택의 폭이 큰 첫 번째나 두 번째 유형을 선

---

3   대안학교 성격을 띤 공립학교. 주로 사립과 공립의 장단점을 접합한 형태로 다양한 실험적 교육 방식이 시도되고 있다.

호할 것이지만, 일정 수준 이상의 교육이 보장되어야 한다고 보는 교육당국은 세 번째나 네 번째를 선호할 것이다.

제도화를 위한 3단계 접근

그런데 우리나라에서 홈스쿨링을 제도화하는 일은 규제의 정도를 조절하면 될 정도의 단순한 문제가 아니다. 앞에서도 말했지만, 이미 강고하게 구축되어 있는 기존의 학교 독점 교육체제에서는 홈스쿨링 존재 자체가 인정될 수 없으며 양립 자체가 불가능한 관계에 있기 때문이다. 이런 상황에서 당장 합법화를 위한 노력이나 행정 조치를 시도하는 것은 무모하기조차 하다. 이런 연유로 우리 사회에서 홈스쿨링을 제도화하기 위해서는 점진적인 접근이 필요하다. 다음과 같은 3단계 접근을 구상해볼 수 있을 것이다.

우선 여건 조성 단계이다. 우리 사회는 아직 교육과 학교를 동일시하는 인식과 제도적 관행이 강고하다. 홈스쿨링이 제도적으로 인정을 받을 수 있기 위해서는 우선적으로 이러한 인식을 바꾸려는 노력, 즉 학교 밖에서도 교육이 가능하다는 인식을 확산시키는 작업이 필요하다. 좀 더 적극적으로 홈스쿨링의 교육적 의의와 성공 사례들을 널리 알려야 하며 학문적으로도 그 정당성을 입증함으로써 제도화의 당위성을 공론화하는 작업이 필요하다. 아울러 교육적으로 올바른 홈스쿨링과 비교육적인 유사 홈스쿨링을 구별하여 홈스쿨링에 대한 부정적 인식을 불식시키려는 노력도 있어야 한다. 이를 위한 홈스쿨러들의 횡적 협력이 중요하다는 점은 재론의 여지가 없다. 이러한 노력을 통해 홈스쿨러들, 특히 부모가 아닌 학령기 청소년들이 가장 절실하게 원하는 사회적 편견과 부정적 시선으로부터 좀 더 빨리 벗어날 수 있을 것이다.

두 번째는 틈새 확대 단계이다. 인식 개선을 위한 노력과 함께 강고한 학교 독점 체제에 균열을 내고 홈스쿨링이 자리를 잡을 수 있는 여지를 넓히기 위한 노력을 전개해야 한다. 다행히도 우리나라 홈스쿨러들은 이미 아주 긴요한 틈새를 확보하고 있다. 검정고시 제도가 그것이다. 본래 검정고시는 학령기 아동 수에 비해 학교가 부족하고, 집안 형편으로 제때 학업을 마치지 못하던 사람들이 많던 시절 독학에 의해 학력을 취득할 수 있도록 마련된 제도이지만, 오래 전부터 학교라는 관문을 합법적으로 회피할 수 있는 수단으로 활용되어왔다. 이 점에서 취학 의무라는 덫만 아니라면 홈스쿨링 제도화는 그리 급박한 사안이 아니라고 할 수도 있다. 학교를 다니든, 학원을 다니든, 홈스쿨링을 하든, 그것은 개인의 선택 사항이기 때문이다.

하지만 초·중학교 학령기 아동과 그 부모들에게는 취학의무의 덫이 가볍지 않다. 다행히 이와 관련해서도 이미 교두보는 마련되어 있다. 취학유예 제도가 그것이다. 현재 규정상으로는 '질병 등 기타 부득이한 사정'에 한하여 유예가 가능하도록 되어 있지만 실제로는 비인가 대안학교 학생이나 홈스쿨러들이 대부분 이를 활용하고 있다. 다만 아직까지는 구차스러운 변명이나 다소 모욕적인 핀잔을 감내해야 하는 상황이기 때문에 불편한 상황이다. 따라서 누구나 이 제도를 거리낌 없이 활용할 수 있도록 규정을 완화하는 일이 중요한 과제가 된다.

이 단계에서 함께 추진해야 할 과제는 홈스쿨러들에 대한 사회적 관심과 지원을 확대하는 일이다. 현재 홈스쿨러들에 대한 관심과 지원은 전무하나, 여성가족부의 학교 밖 청소년 지원 사업을 통해 간접적으로 이루어지고 있고,[4] 최근 서울시교육청도 아주 제한적으로나마 지원의 길을 열기 시작했다. 지금 단계에서는 이 부분을 양적 질적으로 확대하려는 노력이 급선무라고 본다.

양적 확대는 지원 규모의 확대를 의미하며, 질적 확대는 지원 방식의 개선을 의미한다. 학교교육에서 의미를 찾지 못해 학교를 나오거나 홈스쿨링을 하는 청소년들에게 다시 학교교육의

---

4 '청소년지원센터 꿈드림'이 대표적이다. 현재 전국에 200여 개의 센터가 운영되고 있다. 센터의 지원을 신청할 수 있는 대상은 9~24세의 아동 및 청소년으로, 입학 후 3개월 이상 결석하거나 취학의무를 유예한 청소년, 제적·퇴학 처분을 받거나 자퇴한 청소년, 상급학교에 진학하지 않은 청소년이다.

울타리 안으로 들어오도록 유도하는 방식은 거부감만 키울 뿐이다. 여성가족부든 교육청이든, 학교 밖 아동·청소년들이 현재 있는 곳에서 교육적 성장을 촉진할 수 있도록 하는 새로운 지원 방식을 마련해야 할 것이다.

마지막은 제도 구축 단계이다. 홈스쿨링이 국가가 인정하는 하나의 교육 통로로 자리를 잡도록 법과 제도를 만드는 것이다. 앞의 두 단계가 어느 정도 진전을 이룬다면 이를 위한 구체적인 방법은 얼마든지 찾을 수 있다.

쉽게 생각해볼 수 있는 방안으로는 현행 교육기본법에서 영국의 교육법 '아더와이즈otherwise'5처럼 학교 밖의 예외적인 교육 경로를 선언적으로 인정하고, 별도로 홈스쿨링 관련 법률을 제정하거나 다른 법령에 그 시행 방안을 마련하는 것이다. 현재 국회에 계류 중인 비인가 대안교육기관들의 등록제와 연계하여 홈스쿨링의 법적 지위를 공식화할 수도 있다. 그렇게 될 경우 궁극적으로는 현행 정규형 대안학교(특성화학교)와 각종학교형 대안학교, 등록제형 대안교육기관, 그리고 홈스쿨링 관련 규정을 모두 묶어 기존의 학교교육에 상응하는 새로운 교육 법령 체제

---

5 학교에 다니는 것이 곧 교육이라는 신화를 오랫동안 신봉해오던 영국의 학부모들이 '아니면 다른 방식으로(or otherwise)'라는 교육법의 조항을 발견한 것은 1976년의 일이다. 의무교육과 의무취학이 다르다는 것을 알고 약 열 가정이 가정에서 자녀들을 다른 방식으로 가르치기 시작했다.

를 구축하는 것이 바람직하다고 생각된다. 이 단계가 되면, 어떤 경로를 취하든 간에 대한민국 국민이라면 차별받지 않고 국가로부터 자신의 교육에 필요한 만큼 모든 교육적 지원을 받을 수 있게 될 것이다. 빠른 시일 안에 이러한 날이 오기를 고대한다.

(vol. 125, 2019. 9-10)

홈스쿨링의 가능성과 한계에 관한
교육인류학적 분석

홈스쿨링은 가정home과 학교태schooling의 합성어이다. 이 용어는 미국에서 주로 쓰이는데, 자녀를 학교에 보내지 않고 부모와 아이가 함께 가정을 중심으로 배움과 가르침을 찾아나가는 경우를 가리킨다. 얼핏 듣기에 홈스쿨링은 학교태를 가정이라는 공간으로 옮긴 것 같은 이미지를 준다. 아닌 게 아니라 미국에서는 가정에서의 교육이 오랜 시련과 갈등을 거쳐 학력으로 인정받게 되었으며 이미 120~150만 명의 아이들이 홈스쿨링으로 학교교육을 대체하고 있다. 주마다 차이는 있지만 홈스쿨링home

서덕희 _ 조선대학교 교육학과 교수. 『홈스쿨링을 만나다』 저자. 이 글은 홈스쿨링을 인류학 관점에서 분석하면서 공교육제도를 탈근대적으로 재해석하는 소논문(교육인류학연구, 2002)을 발췌해 수정한 것이다.

schooling은 이미 차터스쿨과 같은 대안적 학교교육alternative schooling 이나 공립 학교교육public schooling과 마찬가지로 전국표준시험에서 특정 기준의 학업 성취도를 넘어서면 학력을 취득하도록 해주는 또 하나의 학교태schooling로 인식된다. 우리나라에서도 홈스쿨링에 대한 법적 인정만 이루어진다면 많은 아이들이 학교가 아니라 가정에서의 교육을 선택하게 될지 모른다. 이렇게 보면 홈스쿨링은 또 하나의 학교태일 뿐 전혀 새로울 것이 없다.

그러나 미국 홈스쿨링의 이념적·실천적 지도자였던 존 홀트는 '언스쿨링unschooling'이라는 용어를, 홀트에게 영향을 미쳤던 근대사회 비판가인 일리치는 '디스쿨링deschooling'이라는 용어를 사용함으로써 근대적 학교태schooling가 표상하는 방식과는 정반대의 것, 즉 학교화된 배움의 방식에서 벗어나는 삶을 추구할 것을 주장했다. 우리나라에서 이루어지고 있는 가정에서의 교육에 관한 기존의 연구(김혜경 2002, 권근숙 2002, 서덕희 2002)들을 살펴보아도 홈스쿨링이라는 용어 자체는 그 현상을 지칭하는 데에 그리 적절한 것이 아니다.[1] 학교태가 지니는 일반적 이미지가 연령에 따른 학년 분류, 교사를 중심으로 하는 교육활동, 종일 출석 따위라고 한다면, 연령과 무관한 교육과정, 아이의 자기 주

---

[1] 물론 'school'의 어원적 의미인 '여가(schola, schole)'로 홈스쿨링을 새롭게 재개념화함으로써(서덕희, 2002) 근대 학교교육이 잃어버리고 있는 학교(school)의 제도적 의미를 부각시킬 수도 있다.

도적 학습활동, 그리고 자유로운 시간 활용을 할 수 있는 가정에서의 교육활동을 드러내는 말로 학교태는 적절하지 않다. 유럽과 일본 등지에서는 가정학교home schooling이 아니라 재택교육home education이라는 말을 사용하며, 우리나라 일각에서는 한 걸음 더 나아가 '아웃스쿨링outschooling'이라는 말로 자신들의 활동을 명명하는 것도 그런 까닭에서이다. 그들은 이러한 이름짓기를 통해 자신들의 활동이 근대적 학교태에 포섭되는 것을 막고, 학교태와 자신의 교육활동이 다름을 부각시킨다.

홈스쿨링 혹은 재택교육, 아웃스쿨링, 어떻게 이름을 붙이든지[2] 그것은 그 자체로 근대 공교육제도에 대한 문제제기이다. 지금의 학교태가 다름 아닌 근대 공교육 이념을 실현하기 위한 제도로서 형성된 것이라면, 홈스쿨링을 하는 부모와 아이들은 근대 공교육의 이념을 이념으로서 거부하는 것이 아니라 삶으로 거부하고, 공교육 이념의 모순성을 삶으로써 드러내보이기 때문이다. 프랑스혁명 때 콩도르세에 의해 체계화된 근대 공교육 이념은 호리오 데루히사堀尾輝久(1988)에 따르면 크게 보편성, 평등성, 전문성, 무상성, 의무성으로 정리될 수 있다. 구체적으로 보편성은 지식의 보편성을, 평등성은 동질적인 교육 기회의 평

---

2 이 글에서는 잠정적으로 홈스쿨링이라는 말을 그대로 활용하기로 한다. 논문을 위한 연구를 진행하는 과정에 있기 때문에 아직 우리나라에서 일어나고 있는 '가정에서의 교육'을 가장 잘 표상(represent)하는 용어가 무엇인지를 선택할 수가 없었다.

등성을, 전문성은 국가가 인정하는 교사의 전문성을, 무상성은 교육비의 공비화를, 의무성은 취학의 의무성을 뜻한다. 이 이념들에 근거해 근대의 학교태가 정당화되고 재생산되었다고 보면, 홈스쿨링은 지식의 상대성, 아이의 특성에 따른 이질적인 교육, 자격증과 무관한 가르침, 교육비의 사비화, 취학의 거부를 삶으로 보여주고 때로는 의식적으로 주장함으로써 근대 공교육 제도의 정당성 자체를 밑동부터 흔든다.

기존의 교육학은 사회학, 심리학 같은 다른 분과 학문들과 마찬가지로 근대의 학문으로 탄생한 것이며, 정신병리학이 정신병원의 탄생과 함께 담론화되었듯이, 근대 학교교육이라는 제도를 기반으로 담론화되어 권력을 얻고 확산되었다. 이렇게 보면 교육학계의 새로운 담론과 교육계의 새로운 실천들은 말 그대로 교육에서 새로운 시대를 예견하는 것일지 모른다. 이미 정보 혁명, 지식 기반 사회, 포스트모더니즘적 사상 조류, 신자유주의 등 교육 환경의 변화는 새로운 관점과 실천의 조건이 되고 있다.

홈스쿨링은 바로 그러한 변화된 교육 환경과 교육에 대한 관점 변화를 가장 여실히 보여주는 현상이다. 그럼에도 홈스쿨링의 '새로움' 혹은 '탈근대성'을 제대로 보여주는 연구는 많지 않다. 나는 이 글에서 홈스쿨링을 탈근대적 교육제도의 가능성을 보여주는 하나의 전위 혹은 징후로 볼 것이다. 굳이 '탈근대'라는 말을 사용하는 까닭은 홈스쿨링이 근대 '만'의 특징이라고 할 수 있는 근대적 학교태와의 단절을 잘 보여주고 있으며, 이러한 명백한 대비가 홈스쿨링의 '새로움'을 잘 드러내준다고 생각하기 때문이다.

이제 문제는 홈스쿨링이 지니는 탈근대성이란 무엇인가이다. 이는 근대 공교육 이념과 대비해서, 즉 교육의 운영주체, 교육과정, 교육비의 소재 등 제도적으로 이미 범주화된 틀에 의하면 홈스쿨링은 교육의 민영화와 사사화私事化를 가져오고 결국 교육 기회의 불평등을 야기하는 현상으로 해석될 수도 있다(Apple, 2000). 그 틀에 의한 비판이 의미가 없는 것은 아니며 반드시 논의되어야 할 문제이다. 그러나 그러한 논의만 이루어질 경우 홈스쿨링이 지니는 '새로움'을 학교태라는 근대적 제도 틀에 맞추어 박제화함으로써 그 역동성을 보여주지 못하게 되고 결국 홈스쿨링 속에 흐르는 힘을 긍정적으로 전유appropriation할 수 없게 된다. 그러한 방식은 홈스쿨링의 탈근대성을 '추상화된 부정'으로 제시하는 것일 뿐, 홈스쿨링 자체의 육화肉化된 모습을 보여주는 것은 아니다. 홈스쿨링이 탈근대적 교육의 징후라고 할 때에 그 의미는 이념적인 차원이 아니라 실제적 차원에서 근대적 방식과 다른 방식의 삶의 리듬, 몸의 흐름을 보여준다는 뜻이다. 이 글에서 짧고 부족하지만 그들에게 체화되고 있는 삶의 흐름을 공간, 시간, 관계, 활동의 네 차원에서 분석해보고자 한다.

홈스쿨링을 단지 가정, '사적인 영역'에서의 교육이라고 폄하할 것이 아니라 그들의 삶이 보여주는 긍정적 힘과 가능성을 읽고 그것이 존중되고 확장되는 방식의 교육제도를 모색할 필요가 있다. 그것은 소위 새로운 공교육제도를 의미하는 것일지 모른다. 그러기 위해서는 홈스쿨링에 영향을 미치는 비교육적인 힘과 논리가 무엇인지 알 필요가 있다. 따라서 홈스쿨링의 가능성과 한계는 '교육'에 대한 관점뿐만 아니라 홈스쿨링을 가능하게 하는 생활세계와 그것을 형성하고 있는 다양한 규범적 힘들, 즉 문화와의 관련 속에서 논해야 할 것이다.

이 글에서는 2000년부터 2004년 현재까지 참여관찰과 인터뷰를 통해서 내가 체득하게 된 홈스쿨링이라는 삶의 리듬, 삶의 구성 방식을 분석하고자 한다. 부족하지만 이를 통해 홈스쿨링 속에서 발견할 수 있는 탈근대적 삶의 리듬을 드러낸 후 그것을 둘러싼 문화와의 관계 속에서 홈스쿨링이 교육적 삶의 형식으로서 어떤 가능성과 한계가 있는지를 살펴보기로 하겠다.

홈스쿨링의 탈근대적 리듬

1) 공간

부인이 있는 작은 방에서 나오니 마루다. 마루 한가운데에 상이 놓여

있다. 마루의 오른쪽 벽에 생활시간표가 아이들 글씨로 삐뚤빼뚤 큰
아이, 작은아이별로 적혀 있다. 그 옆에는 설거지할 때, 세제를 너무 많
이 쓰지 말 것 등 생활에서 주의해야 할 규칙들과 축구 경기하는 날이
적혀 있다. 오른쪽으로 더 눈을 돌리니 마루 옆에 아이들 방으로 연결
된 짧은 복도가 보인다. 복도 오른쪽 벽에 책장이 있고, 그 옆에 피아노
가 있다. 몸을 돌려 마루 왼쪽을 보니 부엌 싱크대가 덩그마니 놓여 있
다.(서덕희, 2002: 129)

우리에게 가정은 따뜻한 불빛이 새어나오고 어머니가 끓이
는 맛있는 된장찌개가 보글거리고 늦게 퇴근하시는 아버지를
온 가족이 모여 기다리는 이미지를 연상시키는 공간으로 존재
한다. 근대적 '집'은 학교나 공장, 회사와 달리 휴식과 노동의 재
생산이 이루어지는 사적인 공간으로서 분화, 배치되어왔다. 예
컨대, 가정은 물리적 공간을 분할하고 각종 가구들과 물리적 상
징물들을 그곳에 배치함으로써 부모 침실, 아이들 침실, 서재,
거실, 부엌, 욕실 등 가족 구성원 각자가 점유하는 사적인 공간
과 기능적으로 분할된 공간으로 구조화되어 있다. 특히 근대에
있어서 가정이라는 공간은 '재생산'과 '휴식'을 최우선으로 고
려한 배치로 구조화되며, 이러한 구조화는 그 공간을 점유하고
있는 사람들의 삶도 그에 따라 흐르거나 멈추게 한다.

그런데 홈스쿨링을 하는 가정들 대부분은 집의 각 부분이 사

적인 공간으로 개인별, 기능별로 분류되어 있기보다는 다양한 활동을 위해 언제라도 다르게 배치될 수 있는 공간으로 존재한다. 인용문에서 볼 수 있듯이 마루라는 동일한 공간 안에서 아이들은 함께 모여서 공부도 하고, 설거지도 하고, 피아노도 치며, 책도 읽는다. 그러한 다양한 활동이 이 한 공간 내에서 가능한 것은 공간적 배치가 다른 가정과는 다르기 때문이다.

먼저 아이들 생활시간표가 아이들 방에 붙어 있는 것이 아니라 마루라는 가족 공동의 공간에 붙어 있는 것은 그들의 생활의 리듬이 개별적인 것이 아니라 공동으로 리듬화되고 있다는 것을 드러낸다. 그 옆에 적힌 생활상의 주의사항은 그들이 공동으로 집안일을 나누어 하도록 하는 배치이다. 마찬가지로, 마루 한가운데 놓여 있는 책상이자 밥상은 그 위에 밥그릇이 놓이느냐 책이 놓이느냐에 따라 그 공간이 다르게 구성된다.

또한 홈스쿨링을 하는 가정에서의 집은, 중세 시기와 마찬가지로(이진경, 2002), 사적인 공간보다는 공적인 나눔의 장으로 많이 활용된다. 그들은 늘 다른 가정이나 단체로부터의 교육적 나눔을 구하고 있기 때문에 대부분의 가정들이 개방적이다. 홈스쿨링 지역모임에서 만난 가족들은 서로의 가정을 돌아다니면서 공부모임을 꾸리기도 하고, 다른 가족의 아이들이 와서 함께 공부하다가 자고 가기도 한다. 열한 명의 아이들과 그룹 홈스쿨링을 하고 있는 '작은누리'는 시골에 새로 집을 직접 지으면서 아예 손님들을 위한 공간을 따로 마련했다. 그 공간은 때로는 교육이 이루어지는 공간으로 때로는 침실로, 때로는 사교의 공간으로 활용된다.

홈스쿨링이 '홈'스쿨링이라고 해서 그들의 교육활동이 '가정'에서만 이루어지는 것은 아니다. 홈스쿨링을 처음 시작하는 이들 뿐만 아니라 몇 년째 하고 있는 가정들도 나눔의 필요성을 느끼기 때문에 다른 사람들과의 교류를 끊임없이 원하고 그 교류를 위해 새롭게 공간을 점유해나간다. 그들은 대안학교의 공간을 활용해 캠프를 조직하기도 하고, 때로는 '학'부모와 '학생'이 아니라는 이유로 시립도서관 세미나실을 활용하지 못하기도 하지만, 지역 도서관이나 출판사, 대학 강의실 등을 활용해 전체 모임 혹은 지역 모임을 하기도 한다.

홈스쿨러들 중에는 도시의 익명성에서 벗어나 좀 더 교육적인 환경을 찾기 위해 도시를 떠나 농촌으로 집을 옮기기도 한다. 여전히 근대적인 사적 공간으로서의 '집'에 익숙한 홈스쿨러들은 흔히 사전 연락이나 노크도 없이 시도 때도 없이 현관문을 열어 젖히는 이웃들의 개방적인 공간 감각에 놀라기도 하고 갈등하기도 한다. 그러나 홈스쿨링을 꾸준히 해오고 있는 이들은 공간을 유연하고 개방적이 되도록 배치해, 삶의 흐름을 분절시키는 기존의 공간 리듬에서 벗어나고자 노력한다.

활동의 흐름은 배치의 전환을 요구하며 반대로 배치는 구조화된 틀로서 활동의 흐름을 구획한다. 그것은 공간이 뉴턴이나 칸트가 말하는 어떤 추상적인 직관형식이 아니라, 삶이 조직되는 구체적인 형식이고, 경험과 사유의 구체적인 지반이기 때문이다.(이진경, 2002: 34-35) 메를로 퐁티의 표현을 빌면, "모든 지각은 지금 자각하고 있는 주체의 어떤 과거를 전제하고" 있기 때문에 지각의 기본 형식인 공간은 체험된 공간(lived space)이 된다. 즉 동일한 공간이라도 어떤 구조물이 놓이고 상징물이 붙여지는가, 즉 배치가 어떻게 이루어지느냐에 따라 과거에 그러한 배치와 관련된 체험을 상기하게 되고, 체험의 주체는 공간에 대해 특정한 태도를 지니게 된다.

마루에 붙어 있는 아이들의 생활시간표와 설거지 주의사항, 축구하는 날을 표시한 달력이 붙어 있는 것은 추상적 공간이 아니라 특정한 체험 공간으로 변화시키는 상징물들이다. 어떤 가정은 아예 아이들 방과 부모 방에 ○○교실이라는 명패를 달아 교육을 위한 공간임을 강조하기도 한다. 이는 홈스쿨러들의 가정 공간이 얼마나 유연하게 교육 공간으로 구성되는가를 드러낸다.[3]

---

3 박민정(1998)은 공간을 보편적 공간이 아니라 주체에 의해 구성되는 공간으로 정의하고 기존의 전통적 교실과 다른 열린 교실의 공간 구성 방식에 대해 연구한 바 있다. 학생들이 자신들의 배움을 위해 어떤 전략을 가지고 공간을 구성해나가는지, 그리고 공간의 생태학적 특징이 학생들의 공간 구성에 어떤 영향을 주는지를 연구했다.

2) 시간

나: 만난 지 두 주가 넘은 거 같아. 그동안 어떻게 지냈어?

제빈: 모르겠어요. 날짜 감각이 없어서. 마루에 큰 달력도 없고.

학교를 가지 않는 아이들에게 근대적 시간의 분할은 아무런 의미가 없다. 게다가 마루에 달력마저 없으니, 제빈이는 자신만의 시간 리듬 속에서 사는 셈이다. 제빈이는 "오늘 뭐 했어", "지난 1주일은 뭐했어" 등 계속되는 나의 질문에, 아침에 일어난 시간과 하루에 몇 시간 잤는지만을 기억할 뿐, 몇 시간 책을 읽었는지, 몇 시에 점심을 먹었는지도 모르겠다고 했다. 늘 시계를 보면서 살아가는 바쁜 현대인의 삶의 리듬은 학교를 통해서 체화되고 회사나 공장생활을 통해서 재생산되는 것일지 모른다.[4]

모든 학교 교실에는 격자로 줄이 그어진 시간표가 칠판 옆에 붙어 있으며 그 시간표에 맞추어 40분, 50분 단위로 종이 울림으로써 삶의 흐름이 분절된다. 듀이(Dewey, 1934; 이돈희, 2003: 145-166)가 말하는 경험의 질성적 측면, 즉 '하나의 경험'으로서 '공부'가 체험되지 못하는 것은 다른 무엇보다 그러한 인위적

---

4 이에 비해 요즘 장안의 화제가 되고 있는 '아침형 인간'이나 '주말을 경영하라'와 같이 개인적인 시간과 여가마저 주류적 혹은 근대적 시간의 리듬으로 만들려고 하는 움직임은 홈스쿨링과는 극단적 대조를 이룬다.

분절과 관련이 있다.[5] 학교 밖에서 이루어지는 매체 체험이나 수련 체험, 종교 체험 등이 오롯한 가치를 지닌 채 교육적 경험으로 남을 수 있는 것은 그것이 분절되지 않은 채 향유되기 때문이다. 홈스쿨링을 하는 아이들도 처음에는 이미 학교에서 체화된 시간 리듬에 익숙해 있기 때문에, 바쁘게 무언가를 하지 않고 가만히 있으면 불안해하고 안절부절못하기도 했다. 그것은 홈스쿨링을 처음 시작하는 부모들에게서 더 심하게 나타나기도 한다. 그리하여 학교 교실에서나 볼 수 있는 빽빽한 시간표를 작성해 책상 옆에 붙이고 거기에 맞춰 공부를 진행하게도 한다.

그러나 그러한 구조화된 수업은 방학 때의 시간 흐름에서 우리 모두가 이미 경험했듯이 며칠 지나지 않아 비구조화되고 개별적인 활동의 흐름에 따라 자율적으로 분절된다. 우리는 빽빽이 구조화된 시간의 리듬을 쫓아가지 못하면 '작심삼일'이라는 말로 스스로를 비하했지만, 실은 방학 때의 삶의 리듬은 매우 자연스러운 것이다. 홈스쿨링의 역사가 이미 30년이 된 미국의 연구에서도 드러나듯이, 공부의 내용이 비록 학교의 교육과정과 동일한 것이고 부모가 학교 교사와 같이 권위를 가진 교육자 역할을 담당하는 경우라 하더라도 그 흐름은 학교에서처럼 구조

---

5   양미경(1998: 2)은 일찍이 "가능성과 변화, 다양성을 추구해야 할 가장 인간적인 교육의 장면에서 기계적이고 생물학적인 시계에 우리의 사고와 행위를 맞춘다는 것은 모종의 왜곡, 소외, 불일치를 낳기 마련"이라고 지적한 바 있다.

화되지 못한다. 삶의 흐름은 제도적 권위의 억압이나 각종 공간적 배치, 그리고 그것의 내재화에 의해 억지로 분절되지 않으면 그 자체로 자연스러운 흐름을 타고 하나의 경험으로 완성되고자 하기 때문이다.

홈스쿨링을 지속적으로 하는 가정에서는 위와 같은 시행착오를 거치면서 오히려 그것을 긍정하고 적극적으로 활용해 자녀들마다 개별적인 시간의 흐름을 찾게 한다. 이 흐름을 찾지 못하면 아이들은 타율적인 시간 리듬에 스스로를 완전히 종속시키지도 못하고 부유하게 되며, 부모는 타율적 시간 리듬에 아이를 억지로 맞추기 위해 학교의 교사보다 더 지독한 억압적 감시자가 될 수도 있다. 이 경우 가정은 학교보다 더 가혹한 원형감옥이 되고 홈스쿨링의 경험은 부모에게든 아이에게든 충만하지 않고 분절되며 메마른 것이 된다.

홈스쿨링 특유의 시간 리듬을 체화하고 그것을 즐기게 된 가정들은 홈스쿨링을 하면서 가장 좋은 것이 "바쁘지 않고, 시간에 쪼들리지 않는 것"이라고 말한다. 그들은 빡빡하게 시간 계획을 세우지 않으며 여행이든 공부든, 자원봉사 활동이든, 누구에게서 무엇을 배우든 간에 넉넉하게 시간을 배정한다. "평온, 정적, 그리고 한가로운 여유, 한 장 읽고는 안으로부터 들려오는 노래에 귀를 기울이느라 놓아두는 책, 그 앞에서 걸음을 멈추고 앉아서는 더 가기를 잊어버리게 하는 그림, 풍경"(Leclercq, 1948/

장익 옮김, 1986)이 가능한 것은 바로 이 시간적 여유가 존재하는 삶의 리듬 때문이다. 질성적 측면이 온전히 살아 있는 '하나의 경험'이 형성될 수 있는 것은 '여가(schola, schole)'가 가능한 시간 리듬 때문이다.[6]

정훈이가 스스로 생각을 정리하는 데 우리가 주의를 기울이고 있는 점 두 가지만 소개한다. 첫째는 아이만의 시간과 공간을 마련해줄 필요가 있다는 것이다. … 모든 창의적인 작업은 혼자의 시간과 공간을 필요로 하며 아이들이라고 해서 예외가 될 수 없다고 생각하기 때문이다. 둘째로 우리는 정훈이가 공책에 무엇인가를 그리거나 쓰기 전에 '빨리, 많이 하는 것보다 천천히, 정성을 들여 아름답게 하는 것이 중요하다'고 말해준다. 홈스쿨링의 장점 중 하나가 서두를 필요가 없다는 점일 것이다. 학교에서와 같이 쉴 새 없이 빨리빨리 해내고 써내야 할 필요가 없는 것이다.(민들레 편집실 편, 2000)

---

6 'schole/schola'는 영어로 'leisure'로 번역되지만 요즘 우리가 일상에서 사용하는 '레저', '여가'보다 훨씬 풍부한 의미를 지니고 있다. 고대 그리스의 아리스토텔레스가 일과 여가를 구분했다는 점에서는 현재의 용법과 다르지 않지만, 그때의 여가는 보이드(1964: 65)의 표현을 빌면, "일상의 실제적 문제를 다소간 해결하고 난 뒤에 영혼이 신의 모습을 보고 거기서 최상의 행복을 맛보는" 상태나 조건을 의미했다. 여기서 영혼, 혹은 신을 어떻게 개념화하느냐에 따라 여가는 다르게 의미화될 수 있으나 중세철학을 연구한 피이퍼(Pieper, 1960)가 "자기 존재이기를 거부하는 상태" 혹은 "잠시도 가만 있지 못하고 무엇인가에 자신을 붙들어두려고 광적으로 일에만 매달리는 상태"인 '아케디아(acedia)'와 '여가(schole, schola)'를 대비했다는 점에서 그 의미를 유추할 수 있을 것이다.

공간과 마찬가지로 시간 역시 체험되는 삶의 내적인 주기, 리듬이다. 이진경(2002: 26)이 지적하듯이 이러한 주기적 리듬이 없는 삶은 없다고 단언할 수 있다. 그러나 그 시간 역시 공간과 마찬가지로 체험되는 것이며 따라서 생활세계적인 것이다. 일상적 삶의 구석구석에 스며 있는 내적인 주기, 리듬이라는 말이다. 따라서 홈스쿨링이 학교교육처럼 강제되는 시간 리듬이 없다고 해서 리듬 자체가 없는 것은 아니다.

홈스쿨링에서의 시간 리듬은 공간 리듬과 마찬가지로 훨씬 유연하고 개방적이라는 특성이 있을 뿐 나름대로 내적인 형식을 지니고 있다. 양미경(1998: 19-20)이 지적하듯이, "몰입과 기다림, 그리고 시간의 주재자로서의 인간이 지닌 권위와 책임" 등이 존중되는 내적인 형식이 형성될 때 홈스쿨링은 충만한 삶의 흐름으로 체험된다. 그러한 리듬이 형성될 여지를 주지 않고 불안해하면 결국 기존의 삶의 리듬으로 돌아가게 되고 그 경우 홈스쿨링은 지속되기 어렵다. 시간 역시 삶을 조직하는 '내적인 형식'이기 때문이며(이진경: 27), 그러한 시간 리듬을 새로이 창출하지 못하면 새로운 삶을 조직해내지 못한다.

3) 관계

우리 집에서는 내가 그걸 안 가르쳐요. 엄마가 그걸 안 가르쳐. 기억,

니은, 디귿 우리가 안 가르친다고. 적당한 때가 되면 그 바로 위에 아이가 가르친다고. 좀 속도는 늦지요, 당연히. 그런데 그것이 기역 니은 디귿 리을 이런 식으로 가르치는 것이 아니라 생활하면서 아버지 이름, 엄마 이름, 자기 이름 이런 식으로 들어가기 때문에 더디지만 그게 훨씬 나중엔 효과가 있지요. 그런 식으로 되니까. 글을 저희 집에서는 기본적인 거는 되니까 기본적인 셈, 한글을 깨우치는 거. 이 정도만 되면 전부 지네가 하는 거니까.(2000년 1월, 김원형 씨와의 인터뷰 중에서)

홈스쿨링을 하는 가정은 두 자녀 이상인 경우가 대부분이다. 미국 홈스쿨링 가정의 구성원 수를 보면, 평균 3명이 넘는다.(Lines, 1991) 내 연구의 참여자들 경우도 대체로 2~3명으로 일반 가정의 자녀보다 적지 않다. 실지로 홈스쿨링을 하는 사람들 사이에서는 아이들이 많을수록 홈스쿨링이 수월하다는 말이 나올 정도다. 만일 부모가 자녀 하나하나를 일대일로 가르친다고 생각하면 이러한 사고는 성립할 수가 없다. 사람들은 홈스쿨링을 떠올릴 때, 부모가 교사가 되어 자녀를 가르친다고 생각하지만 대부분은 그렇지 않다.

물론 홈스쿨링을 하기 전과는 다른 자녀와 부모 관계를 형성하게 된다.(Kirschner, 1991) 부모는 홈스쿨링을 하면서 자녀들을 위해 책을 골라주거나 여행을 같이 계획한다거나 좋은 캠프나 프로그램을 알아봐주는 역할을 하면서 '교육이란 정말 무엇인가'를 고민하게 되고 그 고민의 정도에 따라 스스로의 삶을 변화시킨다.(서덕희, 2002) 그러나 '지식의 저장고'로서의 교사 역할을 맡는 경우가 있다고 해도 많지는 않다. 오히려 자녀들 간에 자연스러운 가르침과 배움이 일어난다. 그렇기 때문에 자녀들의 숫자가 많을수록 부모들이 개입해야 할 필요성이 줄어들게 되며 따라서 부모들은 자녀가 많을수록 더 편해진다는 역설 같은 말이 성립하는 것이다.

학교와 달리 연령에 따른 학년 구분이 없는 홈스쿨링을 보면 아이들은 단지 배우는 존재, 학습하는 존재라는 선입견에서 벗어나게 된다. 아이들은 끊임없이 가르치고 또 배움을 구한다. 가르치는 이가 배우는 이보다 반드시 나이가 많을 필요도 없다. 세 자녀를 홈스쿨링으로 키워온 김종우(2003) 씨의 큰아들은 두 살 아래인 동생에게서 많은 것들을 배웠다. 동생이 수학이나 영어에서 자신보다 높은 단계에 있기 때문에 동생에게 물어보는 일은 부끄러운 일이 아니라 너무나 자연스러운 일이라는 것이다. 연령에 따른 학년 구분이 위계질서 관계로 이어지는 우리 사회에서 이러한 유연한 관계 맺기 방식은 쉽지 않은 것이다.

홈스쿨링을 하면서 가족들간의 역할 배분도 달라지게 된다. 근대 자본주의 사회에서 노동의 생산과 재생산만을 일임받은 가족들에게 아버지는 돈을 벌어오는 존재, 어머니는 집안일을 하는 존재, 그리고 아이들은 공부만 하면 되는 존재였다. 다시 말해 가족의 역할이 분화되고 고정되어 있다. 그러나 홈스쿨링을 하는 아이들은 엄마가 하는 집안일을 자연스럽게 하게 되고, 조금 큰 아이들은 스스로 일을 해서 용돈을 번다. 홈스쿨링을 3년 동안 했던 박미순 씨 댁에서는 일찍 일어나는 사람이 제일 먼저 밥을 안친다. 또한 박미란 씨 댁에서는 두 아이들이 모두 다양한 아르바이트 경험을 가지고 있다. 이러한 일은 처음부터 계획된 것이 아니라 자연스럽게 부모들의 삶을 바라보면서 자녀들이 그 역할을 자임한 결과이다. 그리고 그 과정에서 아이들은 부모들의 삶을 더욱 이해하게 되고 부모 또한 자녀들을 단순히 '어린아이'가 아니라 한 명의 인격체로서 받아들이게 된다. 이선주 씨는 홈스쿨링을 하는 자녀 지혜가 다른 아이들과 달리 "사춘기를 겪지 않을 것이다"고 말할 정도다.

실지로 우리가 당연시하고 있는 가족의 이미지는 근대와 더불어 시작된 것이며, 이는 바로 아이들에 대한 특정한 의식과 함께 형성된 것이다.(『아동의 탄생』, 새물결, 2003) 아이들이 '작은 어른'으로 통했던 중세와 달리, 근대에 접어들면서 아이들은 어른 세대와 격리된다. 아버지는 가족들과 함께 생활하고 함께 노동했던 공유지가 사유지화됨으로써 공장으로 격리되고 아이들은 학교에 의해 어른들의 세계로부터 격리되었다. 이제 '아동기'는 '천진난만함' 같은 아이다움을 향유해야 하는, 즉 성인과는 분리된 발전 단계에 있는 것으로 여겨졌고, 어른 세계로 진입을 준비하는 시기로 받아들여졌다. 그와 함께 어머니는 사적인 영역에서 아이를 극진히 돌보아야 하는 노동 재생산의 임무를 담당하게 되었다. 가정생활에서 공동체적인 삶의 비중은 현격히 줄어들었으며 이제 가정은 '사생활'과 '사적 영역'으로 축소되었다. 이처럼 아동에 대한 의식과 근대 가족, 그리고 근대 자본주의는 서로의 관련성 속에서 '탄생'되고 생성되고 발전한 것이다.

그에 비해 홈스쿨링을 하는 아이들은 더 이상 어른들의 생활과 분리되지 않는 삶을 살아간다. 그들은 이전과는 다른 방식으로 어른들과 관계를 맺게 되고, 사회성의 유일한 배양터였던 또래 관계로부터 배제될까 봐 더 이상 고민하지 않게 되었다. 기셰케(Gischeke, 1993)는 학교뿐만 아니라 전 생애를 통해서 '교육'이 이루어져야 한다고 생각되는 '사회의 교육화', '사회의 학교화'로 청소년들이 어른 세계로 진입하는 시기가 점차 유예되고 결국 또래와의 관계가 유일하게 사회성을 키울 수 있는 관계가 되었다고 지적한다. 이러한 입장에서 지금을 근대의 극단, 즉 초근대사회로 본다면[7] 왕따나 이지메 등 다른 아이들과 같아져야 한다는 또래 압력이 그 어느 때보다 높은 것은 당연한 것이다.

---

7 이돈희(2003: 18)는 post-modern society를 초근대사회로 번역한다. 'post'를 '탈'로 번역하는 것은 근대사회와의 결별을 암시하는 것인 반면, '초'로 번역하는 것은 어떤 특징의 과다함을 나타내기 위한 것이라 지적한다. 내가 이 글에서 'post-modern'을 '탈근대적'과 '초근대적' 두 가지로 번역한 것은 그것이 표상하는 바가 각기 상이하기 때문이다. 여기서 '초근대사회'라는 말은 근대사회의 특징인 '학교화'가 극단화된 사회를 뜻한다.

중학교 2학년 때 자퇴해서 2년째 홈스쿨링을 하고 있는 김한솔 양은 홈스쿨링을 하면서 가장 좋은 점이 "사람들을 신뢰하게 된 것"이라고 말했다. 그녀는 재학 시절 다른 아이들과 조금 다른 행동을 한다는 이유로 선생님이 아니라 또래 아이들에게서 험담을 들었기 때문에 얼마 전까지만 해도 사람들이 자신이 없는 자리에서 무슨 이야기라도 할라치면 혹 자신의 험담을 하는 것은 아닐까 의심했었다고 했다. 하지만 이제는 새만금 지키기 100인 100일 걷기나 보따리학교[8] 활동을 통해 다양한 세대, 다양한 경험을 지닌 사람들과 마음을 열고 대화를 나누게 되면서 사람에 대한 신뢰가 되살아났다고 했다. 게다가 가정에 따라서는 극구 반대를 하던 할아버지 할머니가 좋은 한문, 역사, 요리 선생님이 되기도 한다. 연령과 세대를 넘어선 교육적 관계 맺기는 학교교육과는 아주 다른 관계의 흐름을 만들어낸다.[9]

---

8 '길동무'라는 우리쌀지키기운동본부에서 2003년에 연 길 위의 학교로, 반세계화, 다양한 중심과 지역 분산, 돈으로부터 자유로운 교육, 자유로운 의사소통-온라인 학교 등을 지향했다. 동학의 지도자였던 최시형 선생이 보따리를 싸들고 농가 여기저기를 돌면서 농민들과 함께 생활하며 배움을 나누었던 정신을 이어받아, 일 년에 네 차례 1주일씩 전국 각지에서 온 아이들과 어른들이 자발적으로 자신의 '집'을 내어주는 사람들을 방문해 스스로 놀이와 공부, 일, 토론 등을 조직하고 참여하고 향유하는 방식으로 진행되었다. 학교를 다니는 아이들도 있었지만 홈스쿨링을 하는 아이들이 많이 참여했다.

9 미국의 경우 지역에 따라 홈스쿨링 아이들이 학교에서 특정 수업이나 특별활동에 참여하기도 하고, 학교에서 교사를 도와 학생들을 가르치기도 한다.(Stepherd, 1994: Terpstra, 1994) 우리나라에서는 아직 쉽지 않은 일이지만 학교교육과 홈스쿨링과의 이러한 유연한 관계 맺기가 확산되고 학교뿐만 아니라 지역사회 속에서도 그러한 관계가 확산된다면 자연스럽게 교육적 관계로 맺어지는 지역공동체 형성도 가능할 것이다.

4) 활동

제빈: 옛날에 학교 다닐 때도 책가방 챙기다가 책 떨어뜨리면 그 책을 그냥 봐요. 책 보다가 엄마가 가방 챙겼냐 물어보면 "네" 그러다가 가 방 안 챙겨서 뒤지게 맞고.

제빈이는 워낙 책을 좋아하는 아이다. 모범생이었음에도 학교 다닐 때 수업시간에 책상 밑에 책을 놓고 보다가 선생님에게 엄청 혼난 적도 있다. 활동^{activity}이란 동작^{act} 하나하나를 의미하는 것이 아니라 특정한 질성을 지닌 채 진행되는 행동^{action}들의 통합된 흐름으로 종이 쳤다고 단절되기 어려운 성질을 지닌다. 화장실에서조차 책을 읽다가 놓고 온 책들에 곰팡이가 필 정도였다고 하니, 제빈이의 독서는 하나의 질성적 가치를 지닌 활동으로 보아야 한다. 제빈이는 홈스쿨링을 하면서 제일 행복했던 일이 책을 마음대로 읽을 수 있게 된 것이라고 말했다. 학교에서와는 달리 홈스쿨링을 하면서 아이들은 활동을 활동으로서 흐르게 할 수 있었던 것처럼 보인다.

제빈: 되게 편해요, 요즘. 제가 하고 싶은 게 밥 먹고 책 보고 제가 하고 싶은 거 사는 거예요. 제가 귀찮은 거는 정말 하기 싫어요.

나: 특히 싫어하는 거는?

제빈: 피아노 같은 거요. 피아노 정말 하기 싫었는데 엄마가 가라고 해서 하하. 사실 엄마에게 등을 떠밀려서 한 건데요. 엄마는 네가 원해서 한 거다 이렇게 말씀하셔서 대판 싸운 적이 있어요.

나: 지금은 어머니도 너한테 강요를 안 하시고?

제빈: 능률이 안 올라요. 한 달이 돼도 한 페이지도 못 나가니까.

학교를 다닐 때 제빈이의 활동은 크게 '해야 하는 일'과 '해서는 안 되는 일'로 구분되었다. '해야 하는 일'은 공부, 선생님에게 잘 보이는 것, 피아노 치는 것이었고, '해서는 안 되는 일'은 수업시간에 잡담하고 친구들과 게임하고, 책 보는 일이었다. 책 보는 일이 해서는 안 되는 일로 분류된 것은 그것이 학교의 틀에 맞지 않기 때문이다. 처음 인용문에서도 볼 수 있듯이 지각을 할지 모르기 때문에 어머니는 책가방 싸다 말고 책을 보는 제빈이를 꾸짖었다. 재미있는 것은 홈스쿨링을 하게 되면서 책이나 게임에 대한 제재가 줄어들었다는 것이다.

어머니는 원래 제빈이가 친구들과 게임하는 데 빠질까 봐 두렵고 그로 인해 제빈이의 생각이 고정되고 자신과의 대화가 단절될 것이 두려워 홈스쿨링을 생각하게 되었다고 말한 적이 있다. 그런데 제빈이가 책 중에서도 역사책을 좋아하고 삼국지 등 역사와 관련된 게임을 하면서 한문, 중국어, 일본어를 배우고 싶어 하자, 어머니는 게임의 긍정적인 면을 인정하게 되었다. 오히려 제빈이에게 기대했던 과학자나 국제변호사 같은 직업보다는 제빈이가 되고 싶은 역사학자나 역사소설가 같은 직업에 관심을 갖게 되었다. 아이가 관심을 가지고 몰두하는 활동을 억압하거나 분절시키지 않고 그 활동의 의미를 긍정적인 맥락에서 의미화하게 된 것이다.

그래서 처음에는 네가 원한 거라고 우기고 대판 싸우기까지 해도, 결국 치기 싫어하는 피아노를 아무리 쳐봤자 제빈이가 재미도 없어하고 실력도 늘지 않는다는 사실을 어머니는 받아들이게 되었다. 다시 말해 제빈이의 가치 체험이 존중받게 되었고 그 가치 체험이 자신의 활동을 판단하는 준거가 된 것이다. 물론 상황에 따라서 아침밥을 짓거나 청소하는 일이 제빈이에게 주어지기는 하지만, 그것은 '하기 싫은 일'이 아니라 다른 사람들과의 관계 속에서 자신이 '알아서 하는 일'로 자리를 잡게 되었다. 학교 시절에 대한 회상과는 다르게 제빈이와의 대화 내용은 주로 '재미', '흥미', '하고 싶은'이라는 용어로 채워졌다. 이것은 제빈이의 활동 흐름이 자신의 주체적 선택과 몰입으로 리듬화되고 있음을 분명하게 드러내는 것이다.

그러나 이러한 활동 리듬은 검정고시나 수능시험 같은 외재적 준거가 개입되면 '해야 하는 것'과 '해서는 안 되는 것'의 리듬으로 전환되기도 한다. 아이들의 활동 흐름은 학교와 마찬가지로 부모들의 평가에 의해서 분절되기도 하고 지속되기도 하기 때문이다. 이를테면 제빈이는 검정고시를 치고 난 다음, 결과 발표일을 운명의 결정일처럼 받아들이고 있었다. 그 까닭은 단순히 60점 이상을 받아 통과하느냐의 여부가 중요한 것이 아니라 평균 85점 혹은 90점 이상을 받아야 한다고 제빈이 어머니가 말했기 때문이다.

부모들은 활동의 리듬을 삶을 풍요롭게 하는 방향으로 이끌기도 하지만, 사회의 시선과 성공에 대한 두려움으로 다시 삶을 메마르게 하는 방향으로 이끌기도 한다. 이러한 활동 리듬의 지속과 전환은 홈스쿨링을 하는 가정들에서 다양한 방식으로 전개되는데, 그것이 삶을 메마르게 하는 방향으로 지속될 경우 아이들은 가정보다는 학교를 선택하게 되고 다시 학교교육의 틀속으로 자발적으로 걸어 들어가게 된다.

새로운 교육제도로서 홈스쿨링의 가능성과 한계

홈스쿨링은 근대 공교육제도에 대한 탈주다. 탈주라는 말은 단순히 제도권 '밖'에 존재하는 교육실험이라는 뜻이 아니라 근대 공교육제도 속 삶의 흐름과는 전혀 다른 삶의 리듬을 만들어내고 추구한다는 뜻이다. 홈스쿨링을 새로운 교육제도로 볼 때 이러한 탈근대성은 어떤 의미가 있는가?

1) 가능성

버거와 루크만에 따르면, 제도화institutionalization는 외현화 externalization, 객관화objectification, 내면화internalization라는 과정을 통해 이루어진다. 외현화가 사회적 상호작용 과정에서 구성원들에게 의미가 공유되는 상징적 구조가 창출되는 과정이라면, 객관화 는 외현화된 제도가 상호주관성을 확보하는 과정, 내면화는 객 관화된 제도와 의미가 개별 주체에게 스며드는 과정을 말한다. 이렇게 보면 일리치(1973)가 비판했던 가치의 제도화는 근대만 이 아니라 부족사회 때부터 어느 시대에나 있었고, 홈스쿨링 역 시 그런 점에서 제도화의 과정 속에 있다고 볼 수 있다.

그러나 근대에 이루어진 제도화는 전적으로 결과의 효율성, 곧 양적 진보에 초점을 두는 방향으로 진행되었다. 분업화, 전문 화, 합리화, 관료화 등 근대의 제도화, 즉 근대화는 더 많은 생산 력, 더 높은 성취도, 더 빠른 생산성을 위해 주체와 세계가 만나 는 과정, 즉 삶의 리듬을 인위적으로 분절, 축소, 왜곡시켰다고 볼 수 있다. 컨베이어 벨트 같은 분업을 위한 장치들은 삶의 흐 름을 활동이 아니라 단순 동작의 지루한 반복으로 만들었으며, 사적 공간으로서의 가정은 나눔의 추구가 아닌 노동의 재생산 을 위한 고립된 공간으로, 학교의 시간표와 종 그리고 회사의 출 퇴근 체크 기계는 정해진 시간을 '떼운다'는 조급성을, 아동과 성인의 구분은 연령과 세대 간의 자연스러운 관계를 단절시켜 관계의 편협성을 낳았다. 이 모두는 양적 진보라는 슬로건에 의해 정당화되었으며, '성공'의 기준 역시 학력, 경제력, 생산물 같은 양적 기준에서 벗어나지 못했다. 모든 가치를 동질화하고 그것을 수치화해 진보 여부를 드러내는 것, 곧 모든 가치의 양화, 그것은 근대가 이룩한 업적이자 폐해였다.(이진경, 2002)

근대의 제도화 즉 분업화, 전문화, 합리화, 관료화 등은 모두 '분리' 또는 '격리'라는 과정을 통해 이루어진다. 푸코(1971, 1972, 1975)가 이미 근대적 학문과 근대적 제도의 탄생을 계보학적으로 다루면서 드러냈듯이, '격리'는 감옥과 정신병원, 그리고 학교라는 전체적 제도total institution의 탄생을 가져왔으며 그러한 전체적 제도들은 각각에 해당되는 학문의 탄생과 함께 정당화되었다. 이 전체적 제도는 어떤 공간보다 다른 공간과의 완벽한 '격리'를 특징으로 하며, 그 '격리'는 양적 진보를 위한 동일자의 재생산에 기여했던 것으로 보인다. 가치를 양적으로 측정하기 위해서는 모든 가치를 하나의 기준으로 환원해 줄 세우는 것, 동일자로의 전환과 재생산이 필요했다. 감옥과 정신병원이 '타자'를 세상으로부터 격리함으로써 동일자의 재생산에 기여했다면, 학교는 민족국가에서 국민교육이 보여주듯이, 아이들을 잠재적 '타자'로부터 격리함으로써 동일자로 형성했던 것으로 보인다. '격리' 혹은 '분리'는 근대성을 드러내는 결정적 지표이다.

이에 비해, 홈스쿨링은 '통합'을 그 현상적 지표로 삼는다. 이때 통합이란 시간, 공간, 연령, 세대, 활동 각 차원 내의 요소들이 아무렇게나 한데 모여 있다는 의미가 아니다. 앞서 정리한 바와 같이 주체가 생활세계 안의 분리되지 않은 다양한 요소들을 자율적으로 활용해 자신만의 삶의 리듬을 형성해간다는 것을 뜻한다. 이때 자율성은 원자적 개인에게 주어져 있는 이성理性의 특성이 아니라 세계와 주체가 만나는 과정에서 이루어지는 가치 체험 속에서 형성되는 것으로, 스스로 삶의 리듬을 향유하고 형성할 수 있게 되는 능력을 의미한다. 공간, 시간, 관계, 활동의 요소들이 '통합'된 배치는, 인위적으로 구획되고 격리된 방식으로 삶의 리듬을 분절하고 막는 배치와 달리 경험이 온전한 경험으로, 활동이 온전한 활동으로 흐를 수 있도록 하며 이 과정에서 자율성이 도야된다.

유연하고 개방적인 환경의 활용과 가치의 영위로 생성되는 삶의 리듬은 '격리'를 통해 일부러 '동일자'로 환원하지 않는다면 다양할 수밖에 없다. 비록 근대국가의 국민으로서는 만족스럽지 못할지언정 홈스쿨러들은 자율적 주체로서 자기 삶의 리듬을 풍부하게 확장하기 위해 타인과 유연하고 개방적인 관계를 '교육'을 통해 맺을 가능성을 지닌다. 몸이 유연하고 타인에게 열려 있으면 가만히 앉아 있어도 '유목민nomad'이 된다는 고미숙의 표현처럼,[10] 홈스쿨러들 중 몇몇은 그간의 경험을 통해 타인을 배려하는 것, 자신을 개방하는 것이 곧 자신의 삶을 풍부하게 하고 확장하는 일이라는 사실을 깨닫고 있다. 누구에게든 어디서든 배우고 가르칠 것이 있다는 것, 동일화의 압력 때문에 타인을 경쟁의 대상으로 삼고 열등감과 우월감의 양가 감정에 시달릴 필요가 없다는 것, 그래서 다양성을 축복으로 받아들일 수 있다는 것을 깨닫게 된다.

격리, 동일화, 가치의 양화 등을 근대성(모더니즘)의 중요한 특성이라 본다면, 홈스쿨링은 학자들의 머릿속에 존재하는 다양성 혹은 포스트모더니즘이 아니라 삶 자체로 다양성을 구현하는 '풀뿌리 포스트모더니즘'을 실현할 가능성이 있다. 생태학적으로도 종의 다양성이 생태계를 안정시키고 진화를 가능하게 하듯이, 홈스쿨링을 통한 자율성과 다양성은 공교육제도를 새롭게 해석하고 재구성하는 데 중요한 상상력을 제공할 수 있다.

2) 한계

홈스쿨링이라는 용어 자체는 매우 많은 의미를 내포한다.

---

10 여기서 유목민은 자신의 삶을 풍요롭게 하기 위해 새로운 삶을 탐사하는 사람들을 말한다. 원래 유목민은 불모가 된 땅을 버리고 또 새로운 땅을 향해 떠나버리지만, 여기서의 유목민은 거꾸로 거기에 달라붙어 새로운 생성의 지대를 만들려는 사람이다.

'홈'과 '스쿨링'은 가정과 학교태를 조합함으로써 이미 제도화된 학교태로 '새로운' 교육활동을 포섭하려는 담론적 실천이라고 말할 수 있다. 아웃스쿨링이라는 말과 달리 홈스쿨링이라는 말은 가정이라는 한정된 공간 내 존재하는 학교태라는 뜻으로, 그것은 탈주하려는 교육의 흐름을 기존의 규범적 리듬 내로 포섭하려는 움직임이다.

탈주하는 힘을 포섭하려는 힘 중에는 국가라는 공권력도 있지만 다른 힘도 있다. 정보 혁명, 포스트모더니즘, 지식 기반 사회, 문화자본주의사회 같은 힘들이 작용하는 생태적 환경 혹은 생활세계를 놓고 보면, 국가의 힘보다 더욱 강한 힘으로 '가정'을 폐쇄적이고 분절된 방식으로, 즉 사적인 영역으로 격리시키려고 하는 것이 자본의 힘이다.

근대 자본주의는 민족국가의 도움을 얻어 자본을 축적하고 노동자와 소비자를 재생산해왔다. 그러나 초근대 자본주의 사회에서 자본의 축적은 국민국가를 중심으로 이루어지기보다는 세계 주식 시장과 소비 시장을 가로지르는 금융자본과 초국적 기업들을 중심으로 이루어지고 있다. 불균등한 발전에 의해 차이는 있겠지만 이제 국가는 자본에게 버림을 받게 될 위치에 놓여 있으며, 삶의 리듬을 규제하는 힘 역시 국가보다 자본의 손에 쥐어져 있다고 볼 수 있다. 학교가 강력한 힘을 발휘했던 근대 초기와 달리, 이제 근대 공교육제도로서의 학교가 위기에 처한 것은 더 이상 국가에 의한 삶의 규제가 힘을 발휘하지 못하고 주체들에게 의미를 지니지 못한다는 것을 의미한다. 우리나라도 IMF를 통해 그러한 세계 자본주의의 힘이 어떻게 우리의 일상을 좌지우지하는지를 절실하게 체험했다.

이처럼 자본의 힘 혹은 자본의 논리와 국가의 힘 혹은 국가의 논리가 서로 각축을 하고 오히려 국가의 힘보다 자본의 힘이 더욱 강력하게 생활세계를 침식해오는 변동의 과정 속에서 홈스쿨링이 탄생한 것으로 볼 수 있다.[11] 나는 홈스쿨러들을 만나면서 아주 심각하게 "어떻게 '감히' 아이들을 학교에 보내지 않겠다는 생각을 했는가?"라는 질문을 했었다. 그 질문에 대한 답으로서 나는 그들이 정말 교육적 가치를 위해 '성공'을 향한 주류적인 삶의 리듬 자체를 거부한 위대한 '개척자'이기 때문이라고 생각했다.(서덕희, 2002)

그들은 진정 '개척자'였다. 그러나 이러한 낭만적인 생각이 논증되기 위해서는 좀 더 긴 시간의 참여 관찰과 인터뷰가 필요했다. 간헐적이나마 이제 5년이 되어가고 있는 그들과의 만남은 홈스쿨링과 대안교육 그리고 다시 나와 세상을 돌아보게 하는 계기가 되었다. 무서운 것은 국가의 힘과 논리가 아니라 자본의 힘과 논리라는 것. 그리고 교육의 힘과 논리는 어떤 식으로든 풍

---

11 필자는 '교실붕괴' 담론이 언론을 통해 확산되면서 어떻게 교육담론이 경제담론으로 포섭되어가는가를 신문기사에 대한 담론 분석을 통해 드러낸 바 있다.(서덕희, 2003a)

부한 삶의 과잉과 나눔과 확장을 돈 혹은 경제적 능력으로 가치화함으로써 분절하고 단절하고 멈추게 하려는 그 자본의 힘과 논리를 넘어서야 한다는 것.

홈스쿨러들 중 경쟁과 효율의 논리에 따라 폐쇄된 '가정' 안에서 공간과 시간, 관계와 활동의 흐름을 한정시키고 밖으로 넘쳐흐르지도 밖에서 흘러들어오지도 못하게 하는 이들의 태도는, 국가의 힘이 아니라 자본의 힘에 의해 교육의 힘과 논리가 포섭당한 결과라고 볼 수 있다. 자본의 힘에 따르면, '가정'이 폐쇄적이고 분리된 사적인 영역으로 남아야 공간이든 시간이든 관계든 학습 자료든 필요한 모든 교육 자원을 개별 가정들이 해결하게 된다. 또한 특정 상품이 잘 팔린다고 하면 그 상품 생산의 투자에 모든 자본이 몰리듯이, 자녀에게 '잘나가는' 특정한 지식과 기술을 가르치거나 특정한 학교에 보내기 위하여 시간과 공간과 관계와 활동의 흐름을 분절하고 집중시킬 수도 있다. 수월성과 경쟁력, 효율성을 강조하는 자본의 논리는 내가 남보다 '더 멀리, 더 빨리, 더 높이' 가야 하므로 자신과 다른 가치관을 마음을 열고 사유할 수 있는 '여가'를 빼앗는다.

미국의 경우 벌써 홈스쿨링은 자율적으로 자원들을 활용하고 새롭게 생산하기보다는 보수적 기독교 홈스쿨링 조직들이 상업적 이익과 기독교 교리의 확산을 위해 생산한 각종 홈스쿨링 커리큘럼 서적들을 '소비'하는 일로 축소될 위험성을 보인다.

미국 홈스쿨링운동을 조직의 차원에서 연구한 스티븐(Steven, 2001)에 따르면, 자율성과 다양성을 강조하는 일반 홈스쿨링 가정들의 느슨한 연대와는 달리, 몇몇 보수적 기독교 홈스쿨링 조직들은 동질적인 신앙을 기반으로 한 일사분란한 조직 체계와 교재 개발로 홈스쿨링을 처음 시작하는 부모들이 쉽게 도움을 받아 시작할 수 있도록 하고 있다. 보수적 기독교 가정이라도 각 가정의 조건에 따라 다른 모습의 홈스쿨링을 실행하지만, 성경 지식과 국가 표준 교육과정에 대한 철저한 프로그램화로 교육과정의 획일화를 낳을 수 있으며, 다른 가치와 종교를 지닌 사람들의 삶을 '부정'하는 경향을 띨 수도 있다. '부정'에 기반한 관계에서는 교육이 흐를 수 없다.

'탈학교'를 주장하던 일리치는 '탈학교'가 전 사회의 탈학교화를 의미하는 것임에도 불구하고 오히려 '소비의 에토스'가 전 사회를 학교화하는 것은 아닌가 우려했다.(Illich, 1973) 그가 말하는 '전 사회의 학교화'는 스스로 가치를 '창출'하겠다는 희망보다는 누군가가 만들어준 기성품을 '소비'하겠다는 기대에 기반한 사회이다.

전 사회가 학교된 사회는 평생교육에서 최근 논의의 핵심으로 떠오르는 학습 사회의 개념 중 '학습 시장으로서의 학습 사회'와 그리 다르지 않다.(한승희, 2002) 학습 시장으로서의 학습 사회는 상품으로서의 학습 프로그램을 '소비자'로서의 주체가 선택해 소비하는 사회를 뜻한다. 여기서도 '선택'과 '자율'이 중요한 의미를 지니겠지만 선택만 스스로 할 뿐, 상품에 종속되어 프로그램 자체가 뭔가를 해주리라는 '기대'에 머물 수도 있다. 소비의 '자율'은 활동이 온전한 활동으로 체험되는 과정이 반복되면서 그 주체가 스스로 삶의 흐름을 주도해간다는 의미의 자율과는 전혀 다르기 때문이다.

교육으로 삶이 풍요로워지기 위해서는 끊임없이 새로운 흐름들과 만나야 하며, 자신 역시 새로운 흐름을 보탤 수 있어야 한다. 그러기 위해서 '가정'은 개방되어야 하며, 그 개방을 통해 형성되는 자연스러운 사람들의 연결망은 '동일자'를 전제로 하는 국가나 민족, 가족 같은 공동체를 넘어서는 또 다른 형태의 공동체를 만들어낼 것이다.

일찍이 일리치와 라이머가 꿈꾸었던 자발적 학습망, 시민주도 네트워크형 학습 사회, 이진경(2003), 고미숙(2003) 등이 말하는 코뮌 등은 교육의 흐름이 끊이지 않고 풍성해지고 깊어지고 확장되기 위해서 필연적으로 요구되는 것의 다른 이름들이다. 그 흐름을 확산하는 과정에서 국가를 활용하기도 하고 자본을 활용할 수도 있다. 중요한 것은 국가와 자본의 활용이 자신들의 삶의 리듬을 포기한 대가로 주어지는 것이 아니라 자신들의 삶의 리듬을 긍정적으로 확산시키는 수단으로 이루어져야 한다는 것이다. 동일자의 재생산을 위한 공동체가 아니라 다양성의 풍요로움을 향유하기 위한 공동체. 여기서 공동체는 교육의 목적이 아니라 수단이며 그 자연스러운 결과로 존재하게 된다.

홈스쿨링을 하는 부모들은 '사회적 부모'가 되어야 한다고 한 여성 연구 참여자는 말했다. 그러지 않으면 자신과 아이들이 체험하고 있는 교육적 가치를 지키거나 확산시키지 못하고 결국 또 다시 메마른 자본의 땅으로 돌아가야 한다는 것을 깨달았기 때문이다. 이제 홈스쿨링을 하는 부모들은 홈스쿨링을 버리고 아웃스쿨링이라는 이름으로 자신과 세상의 만남을 이름지어야 할지 모른다.

(vol. 33, 2004. 5-6)

참고문헌

고미숙(2003). 아무도 기획하지 않은 자유: '수유+너머'에 대한 인류학적 보고서. 휴머니스트.

권근숙(2002). 우리나라 홈스쿨링의 현황과 실천 사례 연구. 경상대학교 석사 학위 논문.

김종우(2003). 우리 집 아이들은 학교에 안 가요. 대화문화출판사.

김혜경(2002). 초등 학령 아동 홈스쿨링의 초등교육으로의 가능성에 관한 연구. 한국교원대학교 석사 학위 논문.

서덕희(2001). 또 다시 묻는 질문: 교육의 공공성이란 무엇인가. 우리교육 2001년 10월호.

서덕희(2002). 가정학교 실천의 교육적 의미: 부모들의 삶을 중심으로. 교육인류학연구 5(1): 119-152. 한국교육인류학회.

양미경(1998). 교육과 시간: 시간의 의미에 대한 교육적 이해. 교육원리연구 3(1): 1-22. 교육원리연구회.

이돈희(2003). 세기적 전환과 교육학적 성찰. 교육과학사.

이진경(2002). 근대적 시공간의 탄생. 개정판. 푸른숲.

이진경(2003). 노마디즘 2. 휴머니스트.

한숭희(2002). 평생학습과 교육개념의 변화. 평생학습시대 교육패러다임의 대전환(2002년도 한국평생교육학회 추계학술대회 자료집) pp. 9-28. 한국평생교육학회.

교육을 다른 눈으로 보게 하는 책들

아이는 당신과 함께 자란다　이철국 씀 | 12,000원

흔들리는 부모와 교사들에게 한 교육자가 들려주는 이야기. 공립학교, 특성화학교, 공동육아어린이집, 초중등 대안학교 등 다양한 교육 현장에서 40년을 보낸 저자가 아이와 교육에 대해 몸으로 터득한 평생의 지혜를 조곤조곤 풀어낸다. 흔들리지 않는 지혜가 아니라 흔들림과 함께 살아가는 지혜.

변방의 아이들　성태숙 씀 | 14,000원

서울 구로동에 자리한 파랑새나눔터지역아동센터에서 이십여 년 동안 아이들을 만나온 저자가, 어디에도 마음 붙일 곳 없는 아이들을 보듬으며 온몸으로 써내려간 기록. 마을이 아이를 키운다는 것이 도시에서도 가능함을 보여주는 이 이야기는 아이들을 만나는 모든 이들에게 깊은 울림을 전해준다.

두려움과 배움은 함께 춤출 수 없다　크리스 메르코글리아노 씀 | 공양희 옮김 | 13,000원

마을 속 학교인 알바니 프리스쿨에서 40여 년 동안 아이들을 만나온 저자는 아이들이 어떻게 성장하는지, 어른들은 어떤 도움을 줄 수 있는지 생생한 일화를 통해 흥미진진하게 들려준다. 두려움에 짓눌리지 않고 자기를 창조할 수 있는 힘을 어떻게 기를 수 있는지, 진정한 배움의 공동체는 어떻게 가능한지를 이야기한다.

마을육아　권연순 외 10인 씀 | 14,000원

도시에서 독박육아로 힘들어하는 부모들에게 대안을 제시한다. 아이 때문에 고립되는 것이 아니라, 아이 덕분에 좋은 친구와 이웃들을 만나 삶이 더 풍요로워진 사람들의 생생한 경험담이 담겨 있다. 도시를 떠나지 않고도 대안을 찾은 이들의 이야기를 통해 육아의 대안을 넘어 삶의 대안까지도 엿볼 수 있다.

경쟁에 반대한다　알피 콘 씀 | 이영노 옮김 | 17,000원

경쟁이 패자는 물론 승자에게도 해롭다는 것, 생산성에도 오히려 나쁜 영향을 미친다는 걸 다양한 사례와 연구를 통해 증명한다. 특히 학교에서 아이들을 경쟁시키는 성적등급제도, 포상제도들이 아이들을 어떻게 망치는지에 대해 다시 한 번 성찰할 기회를 준다. 그리고 학교에서 벌어지는 구조적인 경쟁의 대안으로서 협력학습을 제안한다.

스스로 서서 서로를 살리는 교육   현병호 씀 | 13,000원

초연결사회가 될 미래사회에서 가장 중요한 역량은 소통 능력일 것이다. 이 책은 교사와 학생의 사이, 학생들의 사이, 세상과 아이들의 사이에서 활발한 상호작용이 일어날 수 있는 교육환경을 만드는 방안을 이야기한다. 그리고 표준화 교육을 넘어서 개별화 교육을 지향할 때 놓쳐서는 안 되는 지점을 짚는다.

아이들을 망친다는 말에 겁먹지 마세요   알피 콘 씀 | 오필선 옮김 | 15,000원

젊어 고생은 사서도 한다? 실패는 성공의 어머니? 이런 격언 뒤에 숨은 보수적인 교육관과 아이를 길들이고 통제하려는 의도를 파헤친다. 흔히 너그러운 양육 방식이 아이들을 버릇없고 나약하게 만들어 험한 세상에 적응하지 못하게 만든다는 주장을 비판하며 훈육을 부추기는 육아서와 근성을 강조하는 자기계발서의 허구를 파헤친다.

건강 신드롬   칼 세데르스트룀 외 씀 | 조응주 옮김 | 12,000원

현대 문명 사회에서 일반화되어 있는 웰니스 현상이 어떻게 하나의 이데올로기가 되어 사람들로 하여금 자신을 상품성 높은 존재로 만들어 가도록 부추기는지 다양한 관점에서 분석한다. 병든 세상에서 홀로 건강과 행복을 추구하는 세태의 어리석음을 우회적으로 비판하면서 삶의 진면목을 마주할 수 있도록 돕는다.

이 아이들이 정말 ADHD일까   김경림 씀 | 14,000원

ADHD는 개인의 주의력 결핍, 과잉행동의 문제가 아니라 우리 사회의 인간에 대한 이해 결핍, 과잉 불안이 빚어낸 문제임을 밝힌다. 약물치료를 하지 않고 아이가 어떻게 안정감을 회복할 수 있는지 자신의 경험을 통해 생생하게 들려주는 이 책은 교사나 의사의 입장과 부모의 입장이 어떻게 다른지, 왜 달라야만 하는지를 말해준다.

하류지향   우치다 타츠루 씀 | 김경옥 옮김 | 14,000원

배움을 흥정하는 아이들, 성장을 거부하는 세대에 대한 깊은 통찰을 담고 있다. 아이들이 공부와 일로부터 도피하는 현상을 분석하며 글로벌 자본주의가 부추기는 개성을 살리는 교육의 이면과 자기 찾기라는 이데올로기에 숨어 있는 함정을 들여다보게 하고 진보주의 교육이 추구하는 가치들을 되짚어보게 한다.

스스로 서서 서로를 살리는 교육으로 가는
길가에 핀 '민들레'를 만나보세요.

정기구독 신청

교육=학교교육이라는
통념을 깨고

삶이 곧 배움이 되는 새로운
교육문화를 만들어갑니다.
가르침과 배움의 경계를 허물고
함께 배우고 성장하고자 하는
이들이 손을 잡을 수 있게 돕습니다.
자기가 선 곳에서 교육을 바꾸어가는
부모와 교사, 학생들이
전국 70여 군데에서 활발히
독자모임을 이어가고 있습니다.

교사라는 울타리를
넘어

격월간 『민들레』는 '교사의 시선'에
머물러 있던 저에게 부모와 육아,
대안학교와 청년들의 문제까지
넘나들며 여러 사람들의 관점을
연결해주었습니다. 그리고
희망이라곤 찾을 수 없었던
'교육' 속에 생기를 불어넣으며
새로운 싹을 틔우는
사람들 소식을 전해주었습니다.
우리는 누군가에게 닿아야 살아갈 수
있습니다. 삶의 기척을 알아채고
서로에게 기대면서 말이지요. 저는
그 벗으로 『민들레』를 선택했습니다.

_ 전 초등학교 교사 양영희

구독 안내

낱권 11,000원
일 년 구독료 66,000원

10명 이상 함께 신청하시면
구독료를 10% 할인해 드립니다.

정기구독을 하시면 만들레에서 펴낸 책
구입 시 10% 할인해 드립니다.

02) 322-1603 | www.mindle.org
mindle1603@gmail.com